少年财智英雄榜样

YI ZHISHI QIJIA DE
QUANQIU SHOUFU

以知识起家的全球首富

比尔·盖茨（美国微软公司）

张丛富◎丛书主编　张凤亮◎编著

北京出版集团公司
北京教育出版社

图书在版编目(CIP)数据

以知识起家的全球首富——比尔·盖茨：美国微软

公司 / 张凤亮编著. — 北京：北京教育出版社，2012.3（2018年3月重印）

（少年财智英雄榜样 / 张丛富主编）

ISBN 978-7-5303-9835-7

Ⅰ. ①以… Ⅱ. ①张… Ⅲ. ①盖茨，B.—生平事迹—

少年读物 Ⅳ. ①K837.125.38-49

中国版本图书馆 CIP 数据核字（2012）第 022765 号

少年财智英雄榜样

以知识起家的全球首富——比尔·盖茨：美国微软公司

YI ZHISHI QIJIA DE QUANQIU SHOUFU

张丛富　丛书主编

张凤亮　编著

*

北 京 出 版 集 团 公 司

北 京 教 育 出 版 社　　出版

（北京北三环中路 6 号）

邮政编码：100120

网　　址：www.bph.com.cn

北 京 出 版 集 团 公 司 总 发 行

新 华 书 店 经 销

重庆重报印务有限公司印刷

*

700 毫米×1 000 毫米　　16 开本　　12.5 印张

2012 年 3 月第 1 版　2018 年 3 月第 4 次印刷

ISBN 978-7-5303-9835-7

定价：23.70 元

质量监督电话：010-58572342　010-58572393

序　言

比尔·盖茨是当今世界上最富有的人之一，并且连续13年在《福布斯》富豪排行榜上排名第一。他有着超乎常人的个人素质，有着自己的特性。他的生意头脑、管理智慧及成功的用人方法，都给我们以启发。

比尔·盖茨从退学建立微软公司到成为世界首富，只用了不到20年的时间，被美国人誉为"坐在世界巅峰的人"。他的巨大成功，是商业进化论和全球资本结合的奇迹，也是市场竞争和市场强权双重杠杆下的神话。

比尔·盖茨创立的微软公司已经成为软件业的帝王，它的领域除了PC操作系统和办公软件以外，甚至还涉及教育、游戏、财务等软件和网络电视、上网服务、网络浏览器、手持设备等软件以及几十万个不同的万维网站。

计算机发展史上，比尔·盖茨占据了重要的领导位置。而他的财富、他奇特的创业历程、他一手创建的微软帝国，也成为人们津津乐道的传奇话题。

为了读者更全面地去解开比尔·盖茨之谜，为了能够让更多的人在寻求成功的过程中找到方法，我们努力搜集比尔·盖茨的第一手资料。我们努力以忠实的态度和虔诚的心去解读比尔·盖茨。

　　比尔·盖茨为什么能创造出如此大的成功神话呢？

　　很多人试图找出这个问题的答案。其实比尔·盖茨也曾经和我们一样普普通通，但他知道如何利用自身的优势去抓住身边的机遇，于是，他成功了。在比尔·盖茨的财富后面，还隐藏着一些更为根本的东西，那就是让他成名和致富的秘密：他跌倒后重新站起来的经验教训、他经年累月与人与物周旋所摸索出来的黄金法则、他在关键时刻力挽狂澜的精神……就是靠着这些，比尔·盖茨创造了让我们无比钦羡的神话。

目录
CONTENTS

第一章　西雅图的天才少年

比尔·盖茨39岁便成为世界首富，并连续13年登上《福布斯》亿万富翁排行榜榜首的位置，这个神话就像夜空中耀眼的烟花，闪耀于亿万人的眼中。

究竟是什么原因成就了这个计算机天才和商业奇才？

让我们拨开层层迷雾，步入少年盖茨的现实生活，倾听他儿时的真实故事，揭示天才少年的成功之路。

"微软巨人" 盖茨的诞生

1996 年和 1997 年两度被评为美国最富有的企业家的是谁？谁是 PC 产业中的第一位亿万富翁？是比尔·盖茨，他是美国微型软件公司（Microsoft Corporation，简称微软公司）的董事长。

微软公司在个人计算机和商业计算软件、服务和互联网技术方面都是全球范围内的领导者。在截止到 2011 年 6 月底的财年中，微软公司的收入达 699 亿美元，在近百个国家和地区开展业务，全球的员工总数近 90 000 人。

那么这艘超级战舰的舰长——比尔·盖茨是怎样的一个人呢？

比尔·盖茨，微软公司创始人之一、微软公司前 CEO 兼首席软件架构师。

根据美国《福

布斯》杂志的统计，在 1995—2007 年间盖茨是全世界最有钱的人。另外一个统计则称盖茨一个人的财富要比全世界最贫穷的 50% 人口的财富总额还要多。

盖茨出生于 1955 年 10 月 28 日，他有一个姐姐、一个妹妹，他们一块儿在西雅图长大。

西雅图位于美国西北部太平洋沿岸。这里风景秀丽，四季如春，山清水秀，是美国著名的旅游城市和港口城市，被称为"翡翠之城"，这里还是波音飞机的故乡，也叫"飞机城"。

1869 年设市后，随着城市的初期建设，美国对西雅图的投入不断加大，再加上木制品产业，给西雅图带来了第一次大的发展机遇。19 世纪末到 20 世纪初，随着阿拉斯加淘金热和造船业的不断兴起，西雅图得到了比较迅速的发展。1916 年，波音公司在西雅图创立，航空事业促使西雅图最终成为美国西海岸的一颗明珠。

比尔·盖茨的全名叫威廉·亨利·盖茨，比尔是他的昵称，后来大家都习惯称他为比尔·盖茨。

比尔·盖茨的父亲是一个非常勤奋而又有远大抱负的人。他青年时期曾在美国军队服过兵役，退伍后进入华盛顿大学攻读法律专业。大学毕业后他没有像其他同学那样进入律师事务所，而是选择回到家乡西雅图的布雷默顿镇，做了一个委托代理人——这并不是一份显贵的职业，他必须通过代理离婚案、酒后驾车案等琐碎辛苦的工作积累经验。后来，比尔·盖茨的父亲在律师界威望日隆，他不仅担任过华盛顿州律师协会主席，甚至还担任过全美律师联合委员会主席。

比尔·盖茨的母亲玛丽·盖茨是一位贤惠聪颖的女子。她是在华盛顿大学读书期间与比尔·盖茨的父亲相识的。大学毕业后不久两人就结婚了。玛丽曾经在学校担任过教师工作。在盖茨出生后，玛丽就辞去了学校的工作，专心照顾起孩子和家人。

比尔·盖茨的父母都非常热心于慈善事业和公益事业，参与了当地各种慈善捐助活动，例如儿童医院的建设、当地社团的建设、商务大厦的建设等。玛丽即使在辞去工作回家照顾孩子后，仍然对社会工作怀有极大的热情。她不但做社区的服务人员，还到西雅图的博物馆做义务讲解员。她还是一家慈善总会的会长。因此，比尔·盖茨的母亲在美国的社交界具有很高的声望。父母对公益和慈善事业的热衷，也深深影响了比尔·盖茨，使他在成名后也一直热心于慈善事业，对落后国家的医疗、卫生、教育状况非常关心。

喜欢读书的少年盖茨

比尔·盖茨的孩童时代是在西雅图度过的。他的母亲空闲时从事一些社区自愿服务工作，其中之一就是为西雅图一家博物馆做讲解员，工作内容包括到各所地方学校为学生们讲解本地区的文化和历史。当时的小盖茨才三四岁。每当母亲在学校里向学生讲课时，小盖茨总是坐在最前面的桌子边，虽然这时的他还只是个孩子，但是在课堂上他却表现得比其他大些的学生还要专注。母亲为此感到非常吃惊，更令母亲意想不到的是另外一件事——小小的盖茨非常喜欢读书，正是在这种环境的熏陶下，盖茨博览群书。

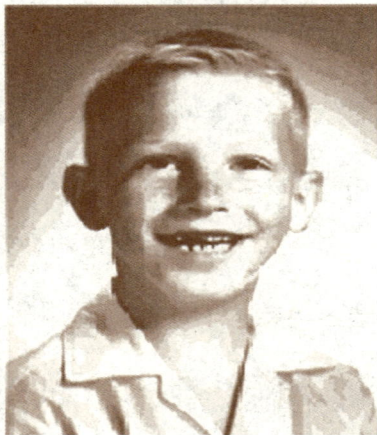

小盖茨特别爱读的书是《世界图书百科全书》，他8岁时就开始读这本书了，并且一直坚持了5年之久，一直读到上中学。其实，比尔·盖茨最早读的是儿童喜欢的连环画和童话故事之类的书，稍

后，他又对许多关于人猿泰山和火星人的故事的科幻作品产生了兴趣。这些五花八门的书籍，大大开阔了比尔·盖茨的视野，使他对外面稀奇古怪的世界充满了好奇。长大些后，他又对人物传记产生了浓厚兴趣。他废寝忘食地读了富兰克林、罗斯福、拿破仑、爱迪生等许多科学家、政治家、军事家、发明家的传记。这些书籍也激励他不断成长、不断进步。

此外，他也读了一些文学作品，他最喜欢而且印象最深的两本书是《麦田里的守望者》和《各自的和平》。他还读了些科学著作和商贸书籍。数学和科学书籍与优秀青少年小说，同样非常吸引他。他家附近的一个图书馆举行夏季阅读竞赛，他总是得第一。比尔·盖茨小时候广泛地读书，而且读的都是些能培养想象力、开发智力、催人奋进的好书，这无疑对他日后世界观、气质和知识结构的形成具有巨大的促进作用。

比尔·盖茨的外婆艾德莱思维敏捷，对他有重要的影响，也算是盖茨的启蒙老师。外婆常给孩子念书，这使盖茨成为兴趣广泛、废寝忘食的读者。

比尔·盖茨的父亲藏书丰富，书籍内容涉及历史、法律、电子、商贸等。盖茨成天泡在书堆中，书籍开启了他通向理智世界的大门，为日后他那种以观念制胜的事业打下了扎实的基础。直到开创微软帝国之后，读书仍是他最大的爱好，而这样的爱好也让他有了很好的发展。

从小就做事专注的盖茨

少年时期的比尔·盖茨就已具有一般儿童所不具有的专注力。在家庭的呵护下，盖茨能全力专注于某一事物的天赋表现得十分明显。他只重视那些

他感兴趣的重要东西，而对其他事物一概不管。

有一次在暑假期间小盖茨参加了"童子军"的野营活动，需要用一个星期的时间完成80千米的徒步行军。也就是说，每天都要完成约12千米的徒步行军，而且还要爬山和穿越森林。当时的他穿了一双崭新的高筒靴，由于新鞋不大合脚，结果他吃尽了苦头。第一天晚上，他的脚后跟就磨破了皮，脚趾上起了许多水泡，但他咬紧

牙关，坚持走下去。第二天晚上，他的脚肿得非常厉害，开裂的皮肤还流了血。同伴们都劝他停止前进，他却摇摇头，只是向随队医生要点药棉和纱布包扎一下，又要了些止痛片服用，就继续上路了。就这样，他一直坚持到一个途中站，领队发现他的脚发炎非常严重，命令他进行医治，他这才中止了这次行军。盖茨的母亲从西雅图赶来，看到他双脚溃烂的样子时，难过地哭了，直埋怨儿子为什么不早点停止行军。盖茨却淡淡地说："可惜我这次没有到达目的地。"

无论盖茨做什么事情，他都会花上所有时间全心全意地去完成。有一次，老师让学生写一篇不超过 20 页的故事。结果盖茨浮想联翩，竟写出长达 100 页的神奇而又曲折无比的故事，这使得老师和同学都十分惊讶。大家这样评价他："不管盖茨做什么事，他总喜欢来个登峰造极，不鸣则已，一鸣惊人，不然他是不会甘心的。"

专注力是比尔·盖茨身上具有的一种难得品质，而这种品质是比尔·盖茨后来取得巨大成功的重要基石。

早在 20 世纪七十年代，哈佛的一位教授就曾经说过："在计算机学科中成功的几个人里，有一个人，从他在台阶上露面的那天起，你就知道他特别棒，他一定会成功。这个人就是比尔·盖茨。"

这位教授说比尔·盖茨"一定会成功"的原因就是他觉得比尔·盖茨做事够专注。

　　1968年秋天，在湖滨中学上学的比尔·盖茨第一次接触了计算机。从那以后，计算机这个神奇的家伙便深深地进入他的每一个细胞。比尔·盖茨开始疯狂地迷恋上了计算机。很快，8年级学生比尔·盖茨便挤进了高年级学生的圈子。他们的老师所知道的所有计算机知识，比尔·盖茨只用一星期的时间就学会了。在那个计算机刚起步的年代，对比尔·盖茨来说计算机是那么奇妙、那么吸引人。

　　那个时候，聪明好学的比尔·盖茨总在不断寻找并创造机会去接触计算机。他常与伙伴们一起乘车到湖滨中学附近一家新办的计算机中心公司去编写程序。他往往一边吃着从附近食品店买来的面包，一边忙着编程工作。比尔·盖茨常在晚饭后偷偷溜出家门，坐十来分钟公共汽车去计算机中心公司继续他的编程工作，偶尔他回来得太晚了，公共汽车已经停运了，他只好走路回家。他经常为了一个问题而绞尽脑汁地苦苦思索。在他的房间里，到处都是成卷成叠的电传纸和计算机纸。

　　在哈佛大学里，学习计算机的条件优越得多了，盖茨基本上不再为没有计算机而发愁了，他简直如鱼得水，以更大的热情投入到计算机的学习中。有时为了赶写一个程序，他一干就是36个小时以上，困了，他就趴在桌子上睡一会儿，醒来后继续工作。忙完工作后，比尔·盖茨回到宿舍拉过毯子倒头就睡。

他对计算机就是这样专注，甚至他在熟睡说梦话时，还常常说着计算机的事。

自信聪明的比尔·盖茨

小盖茨在学校里学习成绩优异，这是人所共知的。他的记忆力尤其令人吃惊。在学校的一次戏剧演出中，小盖茨出人意料地将一段长达3页的独白背诵了出来，而且完整无误，这令许多同学羡慕不已。他的学科老师回忆道，每当教师讲课中出现由于犹豫而吞吞吐吐的情况时，盖茨往往要脱口而出："这就是……"

还有更令人吃惊的事。小盖茨11岁的时候，参加了一次背诵大赛——小盖茨小时候上的是公理会的教会学校，他参加过唱诗班和童子军——西雅图大学社区公理会教堂德高望重的牧师戴尔·泰勒向盖茨所在的班级宣布："谁要是背诵出《马太福音》5—7章的全部内容，谁就会被邀请去西雅图的'太空针'高塔餐厅参加免费聚餐会。"听到这话盖茨兴奋不已。"太空针"高塔高184米，登上"太空针"高塔餐厅可以一览全城风貌。可以说，该餐厅是西雅图最高级、最体面的地方。

可是，要获得与泰勒牧师在这家餐厅共进晚餐的机会绝非易事，因为"世上没有免费的午餐"。在几十年的教书生涯中，戴尔·泰勒形成了一个惯例:每年都要求他的学生背诵这几个章节。说实话，这几个章节很长，而且连贯性不强，还很拗口。据牧师说，他以前还没有遇见一个学生能够一字不漏地完整地背下来。但是，盖茨却做到了:小盖茨信心十足、抑扬顿挫地背了起来……他朗朗有声，没有一个错误，没有一处卡壳，一口气背了下来。

11岁的孩子竟然有如此惊人的记忆力，实在令人震惊！泰勒后来回忆说，直到那天才知道盖茨具有一种特殊的才能，他是一个与众不同的孩子。"我无法想象他竟有如此高的天赋。……他喜欢接受挑战。尽管'太空针'高塔的聚会极富诱惑力，但是大多接受挑战的孩子并没有为此付出艰辛的努力，而只有比尔·盖茨非常完美地做到了。"

牧师随后针对被要求背诵的章节向小盖茨提了几个问题，都得到了比较令人满意的回答。牧师当时不禁问小盖茨是怎么背下这么长的文字的。

小盖茨不假思索地回答："只要我竭尽全力，我就能做成任何我想做的事情！"

在"太空针"高塔豪华旋转餐厅里，小盖茨与其他 31 个勉强背完这几个章节的获胜者一道同泰勒牧师共进晚餐。盖茨非常高兴，因为这似乎是他获得的第一个大胜利。当他第一次居高临下地俯视着西雅图充满神秘的夜景时，对未来不禁充满了憧憬，心潮也澎湃起来。

湖滨中学的"数学奇才"

在少年盖茨 11 岁那年，他的数学和自然科学知识已遥遥领先于他的同龄人。当时的盖茨所在的那所学校在不久后已不能满足他的求知欲望了，他需要一所更好的学校以适应他的智力发展。于是，他父母为他选择了湖滨中学。

湖滨中学是一所私立预科学校，该校专收男生，学校学风浓厚，教学严谨，教学质量很高，但它也是西雅图收费最高的一所学校。

对少年盖茨来说，进入湖滨中学简直是如鱼得水。湖滨中学是盖茨的天才真正得以发芽、茁壮成长的摇篮。当然正因为有过像比尔·盖茨这样的学生，湖滨中学注定了今后要闻名全美，乃至整个世界。在今天，人们普遍称湖滨中学为"天才的学校"、"微软的摇篮"。现在，湖滨中学成了美国最有名的中学之一。

正是在这所学校，比尔·盖茨智慧的火花和天才的创造力被激发出来了。这所学校像是一个塑造人性的熔炉，既铸造了盖茨未来的性格，又锤炼了他理智的素质。正是这所学校，使得比尔·盖茨一切的禀赋——坚忍不拔的毅力、火一般的热情、超人的理智、锐意进取的创新精神和出类拔萃的经商才能等得到了有效的提升和融会。也正是在这所学校，比尔·盖茨做成了他的第一笔商业交易，创办了他的第一家盈利的公司。他和湖滨中学那一伙与他一样富有计算机才能的小子结下了深厚的友谊，后来，这些人先后加入了他缔造的微软帝国。

1967 年，湖滨中学分成了两个学部——低学部和高学部。低学部包括 7 年级和 8 年级，高学部包括 9—12 年级。那些从 7 年级开始就读并且通过了湖滨中学严格考试直至毕业的学生被称为"职业选手"。比尔·盖茨顺利地成了这样一名选手。

没过多久，学校的每个学生都知道了他的名字，知道他是湖滨中学中的尖子生。但当他开始上 7 年级时，他最出名的还是那双脚，人人都知道他长着一双又长又大的脚板，虽然他上 7 年级时长得又瘦又矮，但穿的鞋子却又长又大。一个同学曾经这样回忆他："我们大伙儿都弄不清楚他是否只是在长他的脚。"

在湖滨中学所结识的朋友当中，他和肯特·伊文斯的关系最为亲密。从 7 年级开始，他们就在一起，整天形影不离。两人天赋都挺高，对数学怀有极大的热情，同时对计算机更是着迷，近乎狂热。

盖茨在 7 年级的学习中，唯一得的高分是优减，是在一个数学优等生班得的。数学班是全校公认的不谙时尚的班，然而正是这使得盖茨在湖滨学校迈出"万里长征"的第一步。他一直都非常喜欢数学，事实上，他在这方面的天赋极高。在湖滨中学举行的一次数学例试中，他荣登第一名的宝座。后来，校委会在评定他的数学成绩时给了他一个 800 分的满分。此时，比尔·盖茨就已开始学习华盛顿大学的数学课程。由于在数学方面一直领先，所以，他没有在湖滨中学的数学课上花多少时间。即使在他读 8 年级时，其他学科都考得不尽理想，但他的数学成绩却始终独树一帜非常优秀。

湖滨中学的数学系主任弗雷福·赖特这样谈起过他的学生盖茨："他能用一种最简单的方法来解决某个代数或计算机问题，他可以用数学的方法来找到一条处理问题的捷径。我教了这么多年的书，没见过像他这样极富天分的数学奇才。他甚至可以和我以及那些工作过多年的优秀数学家媲美。当然，比尔各方面表现得也都很优秀，不仅仅是数学，他的知识面非常广泛，数学仅是他众多特长之一。"

当时，连许多高年级学生都来向他请教，其中包括保罗·艾伦。艾伦比盖茨高两届，他常向盖茨挑战。当他遇到难题时，就对盖茨说："嘿，我敢打赌你不会做这道题！"而争强好胜的盖茨就会设法证明艾伦的话是错误的。他们在这种挑战和应战中得以互相提高。比尔·盖茨的天才之处在于他善于寻求解决问题的方法，而这种特长与开阔的思路以及知识、经验的丰富是分不开的。

少年时代就迷上计算机的盖茨

盖茨曾就读于西雅图的公立小学和私立湖滨中学。在湖滨中学里，他开始设计个人计算机的软件。当时他只有 13 岁。

1969 年，盖茨所在的西雅图湖滨中学最早开设了电脑课程。当时还没有 PC 机，学校从社会和家长那里募集了大批资金，想方设法弄到了一台终端机。

这年秋天的一天，刚度完假期的学生们一回到学校，就发现麦克阿利斯特厅前门附近的一个小办公室里，有一台机器。它连接着一个键盘和一卷黄色纸。他们一下子很难相信这就是计算机。它虽然看起来比今天的电脑寒碜多了，可是在孩子们的眼里，这是上帝的恩赐，是无价之宝。就是这台机器，马上烧沸了孩子们的血液。可孩子们谁都不知道怎样操作这台神秘的机器，只是激动，甚至不知道它有什么用处。计算机是新鲜事物，教师对计算机知识的了解也相当有限。

这台终端机连接其他单位所拥有的小型电子计算机，每天只能使用很短时间，并且使用时收的费用也很高。谁知，盖茨刚见到计算机便像发现了新大陆一样，之后的日子里，他只要一有时间，便钻进计算机房去操作那台终端机，几乎到了废寝忘食的地步。

盖茨编写的第一个计算机程序即告诉计算机该做什么的一系列指令，是一种叫做"tick-tack-toe"的游戏。他当时为一种月球着陆器游戏编写了一个程序，该游戏要求玩家在宇宙飞船上的燃料彻底耗尽和飞船在月球表面撞毁之前完成一个软着陆动作。这个游戏被证明多少带有某种预见性，因为1969年7月20日，载有宇航员尼尔·阿姆斯特朗和巴兹·奥尔德林的"阿波罗11号"宇宙飞船着陆器在月球表面"死海"着陆时，离燃料用完只有几秒钟的时间。当他编写程序的技能得到进一步提高时，盖茨就让计算机玩申请专利的"垄断游戏"。

在湖滨中学，对计算机同样达到痴迷程度的还有一批人。他们把麦克阿利斯特厅挤得快爆炸了。其中有一个长得较胖的男孩，比盖茨大两岁，是高学部的，名叫保罗·艾伦。由于计算机方面的共同爱好，两人成了亲密朋友。他们两个人经常在一起研究计算机技术。虽然艾伦比盖茨大两岁，但这并没有让他的想法强加于盖茨之上。他们在一起时把大部分时间都花在了电脑上。

艾伦和盖茨不仅花了大量的时间一起在计算机房操作计算机，而且也用大量的时间来探讨有关未来计算机技术的问题。

后来，他们在计算机中心公司的计算机系统中发现病毒，这对盖茨和他的伙伴们来说是一件极具刺激性的事情，同时也是一个广阔的探讨领域。他们把发现的问题逐一记录，汇编成册，命名为《问题报告书》。在 6 个月的时间中，这本《报告书》已增至 300 多页。《报告书》的大部分内容都是由他俩亲手记录的。

比尔·盖茨在湖滨中学的"计算机梦"好景不长，只过了半年，湖滨中学就再也没有钱支付昂贵的计算机的使用租金了。这件事使盖茨非常痛苦和失落，因为这时候的他已经离不开电脑了，他对电脑已经入迷到神魂颠倒的地步。痛苦之际，他和同学四处奔走，寻找接触电脑的机会。终于，功夫不负有心人，他找到一个机会，就是帮助一家名为 CCC 的电脑公司抓"臭虫"，用除虫的报酬来支付他们操作电脑的费用。

什么叫"臭虫"呢？指计算机的系统软件或应用软件有漏洞或错误，即讨厌的"臭虫（Bug）"。因为一旦有了这种"臭虫"，就会使电脑导出错误结果或死机，美国发往金星的"水手"号火箭和法国阿丽亚娜火箭，就曾因为电脑软件的故障（"臭虫"）而发射失败，损失几亿美元。每天晚上 6 点左右，在 CCC 公司员工下班之后，盖茨兴冲冲地约了同学中的几个电脑爱好者，骑自行车到那里上班去了。那里有许多台电传打字终端机可用，有各种电脑软件可尽情研究。盖茨真是如鱼得水，他几乎整晚都待在那里。每个晚上，他都要在 CCC 公司的记录本上写满他和伙伴们发现的一个个电脑"臭虫"。通过这一段时间的抓"臭虫"，盖茨在电脑硬件和软件方面学到了许多书本上和学校里学不到的东西，这为他日后的电脑软件开发，打下了坚实的基础。

1970 年，当时的盖茨才 15 岁，他的电脑才能就已远近闻名了。一家名叫信息科学的公司找到盖茨，希望用提供使用 PDP－10 电脑的时间来交换盖茨和伙伴艾伦的软件技术，要求他们为公司设计工资管理软件。这样就使他俩获得了一学年的电脑使用时间，他们不禁高兴万分。1971 年，湖滨中学又让盖茨帮学校设计一套排课用的电脑软件。当时排课全靠人工，由于学生人数多，课程又复杂多样，人工排课常

常分配不均，造成某些课程学生过多的现象。盖茨和艾伦日夜兼程，圆满地完成了这个艰巨的任务。

1973 年，美国国防项目承包商 TRW 公司要开发一套用于管理水库的电脑监督控制系统，可由于是老是消灭不了各种电脑"臭虫"，进度缓慢，眼看要遭到违约处罚了。在这紧急关头，TRW 公司得知盖茨和艾伦两个小电脑天才的事情后，便向他俩求援，两个男孩高兴地答应了。这是一件很专业化又很艰难的工作，而且按规定，中学生只能拿工读生的低工资。但是盖茨并不计较，他的主要目的是通过这种工作来锻炼和提高自己的软件设计能力。由于盖茨和艾伦的加入，终于使 TRW 公司按时完成了项目，免受巨额罚款。而盖茨和艾伦则得到了该公司一位电脑专家的具体指导，使得两人的软件设计技巧有了进一步的提高。

比尔·盖茨良好的家庭教育

比尔·盖茨的父亲是律师，母亲是教师，都是受人尊敬的知识分子。这个家庭的大人非常注意小盖茨的智力开发和培养。他们总是不断地努力寻找适合比尔·盖茨天赋发展的外在环境，总在不断创造条件使小盖茨的才智有用武之地。

比尔·盖茨的父母在质朴的处世方式中，更多地关心孩子的成长与教育，他们在工作之余总是尽可能地与孩子们待在一起。一家人不断进行各种游戏，从棋类到拼图比赛，几乎玩遍了所有的益智游戏。

盖茨家族不属于那种墨守成规的类型。比尔·盖茨的祖父和父亲在年轻时就显示出盖茨家族企业家的天赋，而比尔·盖茨则把此天赋发挥得淋漓尽致。

比尔·盖茨从小就精力过人，早在婴儿时期就能自己让摇篮晃动起来，且不停止。他从小就极爱思考，一旦迷上某事就能全身心投入。在比尔·盖茨很小的时候，家人就隐约感觉到了他的天赋，他们总有意无意地为他创造环境与机会。从外祖母循循善诱的启蒙式教育到父母不辞辛苦地为他寻找适合天分发展的社团与学校，无不为他天赋的发展提供了肥沃的土壤、清新的空气，使它能够滋润地生根、开花乃至结果。

外祖母特别喜欢和聪明的小盖茨一起做游戏，尤其是一些智力游戏。她教少年盖茨下跳棋、玩筹码，还有打桥牌等她所喜欢玩的东西。玩游戏时，外祖母总爱对小盖茨说："使劲想！使劲想！"她也常常为盖茨下一步好棋、打一张好牌而拍手叫好。这些极大地激发了盖茨爱思考的潜能。

比尔·盖茨似乎总在不停地思考。家人外出时，别人都准备好了需要的一切，而盖茨总是行动最慢的一个。当家人叫他，问他在干什么的时候，他总是说："我正在思考，我正在考虑。"有时他还常责问家人："难道你们从不思考吗？"

外祖母还常常给盖茨读书、讲故事，盖茨从中受益匪浅。他在外祖母的帮助与指导下，成了兴趣广泛、废寝忘食的"书迷"，读书成了他打发时间的好方式。在这过程中，盖茨对数学和科学书籍及与优秀青年有关的小说十分痴迷，他的思考又多了用武之地。

当盖茨还是个儿童时，他却喜欢读成人的书。在自己家里，他可以随意翻阅父母的藏书。他最喜欢读的书是《世界图书百科全书》，他经常连续几个小时地阅读这本大书，一字一句地从头读到尾。

小盖茨的父母还尽可能提供各种机会，让他参加各种活动。当他逐渐长大时，父母鼓励他参加童子军的野营活动，小盖茨从与其他孩子的相处中得到了友情的满足。

随着年龄的增长，家庭中的环境已无法满足比尔·盖茨天赋的进一步发挥。小盖茨有时会责备母亲精力不足。于是，父母把目光投向社会，积极为盖茨寻找属于他的空间。在一次活动中，比尔·盖茨给班上准备了一份报告，叫《为盖茨股份有限公司投资》。这篇报告几乎成了全家人的事，他的外祖母帮着弄封皮，连父亲也插手帮忙，气氛很活跃。

小学毕业后，父母在征求比尔·盖茨的意见后，把他送进了湖滨中学。在湖滨中学读书时，他常按自己的兴趣爱好来安排学习。比尔·盖茨在喜欢的课程上下工夫，学得非常棒，并痴迷上令他今后倾注毕生精力的计算机。自从盖茨进入湖滨中学那间小计算机房的那一天起，计算机对他就产生了一种无法抗拒的魅力。15 岁时，他就为信息公司编写过异常复杂的工资管理程序。

中学毕业后，比尔·盖茨很想到哈佛大学去读书，读他自己喜欢的专业。经过冷静思考后，父母放弃了让儿子当律师的想法，让比尔·盖茨在大学领域里自由发展。1973 年春，他被哈佛大学录取。

到了大学，他接触计算机的机会大大增加，对电脑的兴趣与日俱增，他经常废寝忘食地在电脑前工作、研究。

但一年后，比尔·盖茨将更大的难题摆在了父母面前：他要离开哈佛，放弃锦绣学业，与别人一起创办计算机公司！盖茨与父母多次交谈，平静地表达了自己的想法。了解儿子秉性和志向的父母又能说什么呢！或许儿子的天赋与计算机事业是最佳的切合点吧！随后，比尔·盖茨便在 1975 年毅然离开了令亿万学子向往的哈佛大学，开始在计算机软件领域大展宏图，他一手创办了微软公司。终于在二十多年后，成为世界首富。

第二章　哈佛大学的高才生

　　作为哈佛大学高才生的比尔·盖茨，在哈佛大学会发生什么故事呢？每一个成功人士都会有一段不平凡的人生经历，也会有超越常人的毅力与耐心。哈佛大学见证了一个伟大的成功者。

初进哈佛的盖茨

　　哈佛大学位于美国波士顿附近的剑桥城，建于 1636 年，是美国最古老的大学。美国于 1776 年独立，比哈佛建校要晚近 140 年。哈佛大学的建立是由于当时的英国殖民者想在美国的土地上建一座大学而促成的，正因为哈佛大学的建立者当中有很多人都是剑桥大学的毕业生，哈佛大学所在的城市也就被命名为"剑桥城"。其实，这所大学原来的名字叫"剑桥学院"，它现在的名字来源于 1638 年一位名叫约翰·哈佛的学院院长。这位院长去世时，将自己一半的积蓄和 400 本图书（在 1638 年，对于一所建校只有两年，第一届只有 9 名学生的学校这可不是个小数目）捐赠给这所大学，后

来经过议院的投票，决定将这所大学命名为哈佛大学。

这里还有一个有趣的故事。在哈佛大学，有一尊哈佛先生的塑像，这尊塑像虽然标注着哈佛先生的名字，但塑像并不是哈佛先生本人。由于哈佛先生生前没有留下任何的影像资料，当后人计划修建这样一尊雕塑时也就没有了参考，只能在当时的哈佛大学里找到一位比较帅的学生作为雕刻的模特，用来代替哈佛先生。由于影像资料的欠缺，用比较帅的学生来代替原人作为雕刻的模特，这种情况在美国大学中并不少见。

哈佛大学的正式注册名称为 The President and Fellows of Harvard College，它是一所位于美国马萨诸塞州波士顿剑桥城的私立大学，同时是常春藤联盟成员之一。它既是美国历史最悠久的高等学府，也是北美的第一个法人机构（Corporation）。它下属的医学院和商学院位于波士顿市区。哈佛大学在英语语种授课的大学的排名中尤其突出。

1973 年的夏天，比尔·盖茨以全国资优学生的身份，同时获得了普林斯顿大学、耶鲁大学和哈佛大学的入学许可，但盖茨选择了哈佛大学。根据盖茨的性格来看，这个选择是不难理解的。在哈佛建校三百六十多年来，它一直是美国顶尖科学和领袖人物的摇篮。

有数不清的精英在哈佛锻炼成才：8 位美国总统、12 位副总统、30 位普利策奖获得者、40 位诺贝尔奖获得者、数十位跨国公司总裁、十几位最高法院大法官以及众多的国会议员，在全美的 500 家最大财团中 2/3 的决策经理毕业于哈佛商学院。

盖茨入学时，担任校长的博克（Bok）正在大刀阔斧地进行着传统本科课程体系的改革，重申"每个哈佛本科生都应该被宽广地教育"这一原则，强调了被认为对现代学生必不可少的 7 个领域中知识入门方法的学习。

在哈佛大学中，比尔·盖茨是典型的大学新生，刚入学时他被新的要求和更激烈的竞争弄得步调大乱。在这个新的环境中，盖茨遭遇到了人生第一个打击：他发现周围的每个人都和他一样聪明，甚至有些人考试成绩比他还好。在他的一生中，第一次不能做到只在考试时露个面就获得一门课的满分。这时，盖茨的竞争天性被最大程度地激发了出来，于是他投入到更加刻苦的学习中。

就读于法律预科班的盖茨第一年就选修了哈佛大学最难的数学课——"数学 55"，研究生级别的数学和物理课占去了他大学一年级大量的时间。数学、科学、法律、经济等方面的诸多职业生涯规划都曾在他的脑海里闪现过，他曾经希望自己当一名数学教授，也曾经迷恋过科幻小说，热衷过心理类、经济类书籍，但是最终他还是把主要的精力花在计算机方面，在哈佛大学的艾坎计算机中心里度过数不清的不眠之夜。

盖茨的学习方法不同寻常：他常常不间断地学习 36 个小时，接着再睡上 12 个小时，醒来吃下一个加大的比萨饼后再开始下一轮的长时间"战斗"。大学生活和其他让人感兴趣的新领域没有减弱他对计算机的狂热。与此同时，人类技术发展的步伐开始加快了。

在大学一年级，虽然盖茨在大学入学考试中数学得了无可非议的 800 分，可令人遗憾的是他的总平均成绩只是个 B。这似乎也成了盖茨后来最终决定离开哈佛的原因之一。也许就是在第一个学期，他发觉自己并非是"世界上最聪明的孩子"，这让本来很想当数学教授的盖茨非常沮丧。

进入哈佛后的趣事

在哈佛大学，盖茨仍旧没有改变他中学时的习惯：在他喜欢的科目上不知疲倦地拼搏着，对不喜欢的科目不加理会，也很少去参加学校组织的活动。

进入大学二年级以后，盖茨经常旷课。他有意给自己制订了一套行事计划：大多数课程逃课，到期末考试时猛学一阵。对此，他曾经这样解释："我是想看看我花最少时间能得多高的分数。"

在课堂上睡觉是常有的事。他的睡觉习惯也是极其古怪的。他从来不在床单上睡觉。累了的时候，就躺在他那张脏兮兮的床上，蒙上一床毯子，不管外面发生了什么天大的事情，他总是能够马上呼呼入睡。

盖茨的这种习惯一直保持到现在。当他坐飞机时，他只要用一床毯子盖在头上，整个行程都能酣睡不醒。

在数学课上，他还经常为难老师。他上课时连一个笔记本也没有，两手抱着脑袋，一副十分厌倦的样子，有气无力地看着老师在黑板上讲解。可他会冷不防突然站起来说："老师，您有个地方讲得不对，让我来给您说。"弄得老师尴尬不已。

盖茨还是个喜好辩论的家伙。但他辩论时言语粗鲁、充满讥讽，甚至带有挑衅。若有人在和他辩论时触怒了他，他会暴跳如雷。他指责别人时也是尖酸刻薄，甚至到了吹毛求疵的地步。他经常用诸如"傻子"、"疯子"之类的字眼，就算是对多年好友艾伦，也丝毫不留情面。

在朋友面前，盖茨丝毫不掩饰自己的好胜心。他对艾伦说："我很好相处的……只要让我决定就行。"在他和艾伦下象棋时，艾伦往往只要抓住他进攻的天性，等待他失误的时机，就可轻易赢得比赛。

在哈佛学习的盖茨还迷上了一种扑克赌博。虽说是玩扑克，可他却把这当做是一个战场，玩时全力以赴，一点也不懈怠。他的智力很好，他可以轻而易举就算出几率，并记住已经打出的牌。这使他在赌桌上能大出风头。

鉴于他的卓越数学才能，即使在群英荟萃的哈佛，也不乏大显身手的机会。有一次，盖茨在数学刊物上见到这样一道有趣的数学题：我们店里的厨师很随意地做他的薄煎饼，以致煎饼出炉时大小不一。所以，当我把饼拿给顾客，摆到桌上之前，我会重新排列饼的次序，使最大的在底下最小的在上面。方法是从顶端抓几块，然后把它们调换位置，要重复这个动作。如果有 n 个薄煎饼，那么我最多必须要调换几次，才能把它们重新排列好？哈佛大学电脑系教授克里斯多·帕伯迪米裘说："这个看似简单的问题其实很难解，然而，比尔·盖茨看待此难题,有如撰写复杂的电脑程序所面临的挑战一般。"他将盖茨的解答方法记录下来，并于 1979 年刊登在《非线性数学》杂志上。盖茨对于这道数学题的解法，至今仍相当先进。这位教授后来把此题交给其他学生，并宣布：如果有人能破解，他就会为他们工作，就像他以前早该为盖茨工作一样。

在一个晚上，盖茨邂逅了史蒂夫·鲍尔默。此人后来对盖茨的影响丝毫不亚于艾伦。其实，在选修研究生数学时，他们就在同一个班上。在宏观经济学考试中，两人虽未上过一堂课，但鲍尔默得了

97 分，而盖茨得了 99 分。他们两人分别住在同一层楼的两端。鲍尔默与内向的盖茨截然相反，爱吵吵嚷嚷。鲍尔默是社交界的名人，还是足球队的经理。

盖茨说："史蒂夫与我恰恰相反。我不常去上课，不参与校园活动。史蒂夫经常参与各种活动，学校里每个人都认识他。史蒂夫是足球队经理、文学杂志社的社长、《深红报》的广告经理。他拉我参加狐狸俱乐部。那是男人的俱乐部，在那儿大家穿着半正式礼服、抽雪茄、饮酒过度、站在椅子上讲故事、打撞球。

即使对哈佛的生活有些倦怠的时候，盖茨依然把他的精力投入到电脑上。他在波士顿地区申请与电脑相关的差事。迪吉多公司是他最喜欢接受面试的公司之一，因为公司常派直升机到波士顿机场运载应征者到公司总部。盖茨鼓励保罗·艾伦设法在哈尼维尔公司争取一份程式设计的工作，好让两人能实现创立一家软件公司的梦想。于是，艾伦驾着纽约客老爷车驶向波士顿。不久，盖茨的人生就发生了戏剧性的变化。

计算机变革时代的来临

　　盖茨一直就没有停止过对计算机的追逐。盖茨最初的商业行为一直是和保罗·艾伦紧密相连的。

　　早在 1972 年夏天，已进入华盛顿州立大学的艾伦拿来一本《电子学》杂志，告诉盖茨有一家新成立的叫英特尔的软件公司推出的一种称为 8008 的微处理器芯片很有趣，于是两人毫不犹豫地花了 376 美元买了一颗芯片，不久后就摆弄出一台机器。为了赚钱，他们还成立了一家交通数据公司，并四处寻找业务。他们想出售自己设计的用于分析数据的机器。保罗·艾伦去了好几个州，还去了加拿大向官员们游说。但是，没有多少人想买他们的机器。后来，美国联邦政府决定向各市县政府免费提供交通数据分析服务，这样一来，就没有人愿意再花钱让他们的交通数据公司来解决问题了。

在大学一年级结束时的那个暑假，盖茨来到波士顿，和艾伦一起暂时在哈尼维尔公司工作。就在他们工作后不久，电脑市场发生了显著变化，已露出了微型化的苗头。盖茨和艾伦都确信，电脑的发展已到了关键地步，一旦爆发，就会引来一场惊人的技术革命，电脑将走进千家万户，成为像电视机、汽车一样普及的物品。艾伦比盖茨更清楚地认识到这一点，因此，艾伦不断地对盖茨说："我们开家公司吧，我们一起干吧。"

当时，虽然盖茨很想与艾伦一起干，但他觉得创办公司的时机还没有成熟，于是，他决定继续留在学校，而艾伦仍留在哈尼维尔公司工作。

最佳时机终于来临了。1975 年元旦，艾伦在《大众电子》杂志上，看到第一台上市的个人电脑的鼻祖——"牛郎星 8800"，由新墨西哥州的 MITS 公司研制成功，并指出这是"世界上第一部微型计算机，堪与商用型号相匹敌"。这是一个没有显示器和键盘，只有开关控制板和明灭灯号的"怪家伙"，名称源于《星际旅行》。

艾伦马上买下了那本杂志，冲进盖茨的寝室，不由分说地拉着盖茨看那台微型机器。面对这样一台没显示器和键盘的电脑，盖茨和艾伦清楚，这将是电脑界的革命，它将改变世界。两位青年激动不已，他们要等待的那一刻终于到了。

艾伦后来说："我们明白，如果我们缺席，这场革命也可能发生。读了那篇文章后，我们对于此生的职业毫无疑问。"

盖茨的潜意识如电光火石般一闪：个人计算机革命发生了，它将改变整个世界。两个年轻人为之兴奋，兴奋之余，也发现了问题：微电脑没有电脑语言，所有电脑语言都是为大电脑写的。俩人立即决定编写可以在这种新机器上运行的计算机语言。这个大胆的决定为盖茨和艾伦开辟了 PC 软件业的新路，奠定了软件标准化生产的基础。

为了能够抢先接到给"牛郎星"编写程式语言的任务，盖茨和艾伦打电话给 MITS 创办人艾德·罗伯兹。在开始撰写前，两人就承诺提供一套"牛郎星"8800 可使用的程式语言。

可罗伯兹说："我们每天收到大约十封信。我告诉来信的人，不论是谁，先写完程式的人就得到这份工作。"

两人无话可说，决定立即着手为这台"怪家伙"编写可以使用的电脑语言。

但问题是，他们不可能有这台机器，所以也不可能有调试程序的电脑。盖茨和艾伦想法子从英特尔弄到 8080 微处理器的详细说明书，并想方设法从杂志文章的描述中判断"牛郎星"如何运作，然后在哈佛的电脑上模拟操作。于是两个年轻人投入到了一场史无前例的艰苦工作中。他们在哈佛大学的计算机中心，使用中心的设备，废寝忘食地干了 8 个星期，终于把一种简单的编程语言——BASIC 的最初版本凑在一起。

1975 年 2 月，艾伦马不停蹄，将编写好的电脑程式 BASIC 带往 MITS——开发"牛郎星"的公司演示。这还是一个尚未演示过的软件。在最后那一刻，艾伦的心禁不住怦怦地跳动。他突然发现他们竟然忘了在程序里设计一个启动提示。他急忙把它加了进去，然后屏气凝神地把程式输入"牛郎星"。让他兴奋的是程序的演示非常成功。

艾伦凯旋的时候，盖茨和好友们在机场迎接。他们疯狂地喝汽水、吃冰激凌庆祝。盖茨当时是 19 岁，他高兴地点了一杯儿童饮料秀兰·邓波儿。

在小心翼翼的漫长等待后，双方的愿望都实现了，随后生意成交。这一创举不仅点燃了"牛郎星"的星星之火，更造就了计算机历史上一个光辉灿烂的时刻；与此同时，与大型计算机相连的亚终端开始让位于功能齐全、只有桌面大小的个人电脑。

这年春天，艾伦进入 MITS，担任负责软件开发的副总裁一职。念完二年级课程，盖茨也飞往 MITS，加入艾伦从事的工作。这位对商业极其感兴趣的少年，在哈佛的时候就深感个人电脑及电脑软件已是时局发展的关键。

为了计算机而中途退学

1975 年 4 月 14 日，盖茨和艾伦终于把他们计划已久的事业办起来了。他们创立了一家软件公司——"微软公司"，

并开始在墨西哥州的坎布里奇营业。

同年 5 月的时候，盖茨又产生了退学的念头。可他父母又出来反对，盖茨为此不能马上退学。母亲还专门安排当地一位白手起家的千万富翁斯托姆给盖茨做思想工作。

可盖茨振振有词，向斯托姆辩解道，个人电脑时代已经到来，这正是自己大展宏图的好机会。听了盖茨一番激动而又绘声绘色的对未来蓝图的描绘后，斯托姆被打动了。他知道这是一个不同一般的青年。斯托姆由衷地说："任何一个对电子学略有所知的人，都应该明白这确实存在，并且新纪元确已开始。"因此，盖茨更是下定决心。

比尔·盖茨说："那个时候计算机技术刚刚起步，我想即便不从哈佛退学，创办微软，那个位置上也同样会有别人出现。"

后来盖茨回忆退学的事情时这样说："我很珍惜我的大学时代，而且在许多方面，我后悔离校。我之所以辍学，只因为我当时有个理想——创立第一家微电脑软件公司——而那理想不能耽误。"

应该说比尔·盖茨果断地退学这件事，并非一时的心血来潮，而是经过反复思考才决定的。盖茨敏锐地意识到，计算机的发展太快了，等大学毕业之后，他可能就失去了一个千载难逢的好机会。他热爱的只有他的电脑，只有在电脑前，他才觉得自己是伟大的；只有在电脑前，他才感受得到自己的价值。他果敢地把握住了机遇，为他开创软件王国的霸业拉开了序幕。

他们把以前湖滨中学程式设计小组的成员征募了过来，作为微软的第一批成员。

开始时，盖茨与艾伦的合伙关系是平等的，但不久，盖茨就讨价还价，将分成比率变成四六分，盖茨得六。盖茨对此并不觉得愧疚，他的理由是：除了转包的工作以外，艾伦还领 MITS 的薪水。以微软的员工身份，盖茨工作的收入只限于著作权的权利金。多年来，盖茨逐渐脱手持股，如今他拥有该公司约 8% 的股份。

虽然微软初建成立，但盖茨和艾伦一直在 MITS 兼职，在等到 BASIC 被广泛接受之前，他们是不会离开罗伯茨的。微软创立伊始，与 MIST 的关系十分模糊，可以说微软是寄生于 MITS 的。

1975 年 7 月下旬，微软与罗伯茨签署了协议：允许 MITS 在全球范围内使用和转让 BASIC 语言及源代码，包括第三方。根据协议，盖茨最多可获利 18 万美元。

按照此合约，MITS 必须尽最大努力销售微软的 BASIC 程式语言，而不是由微软直接向客户销售该软件。但罗伯茨一方面希望该语言为自己的机器所专用，另一方面他也有自己的理由：他觉得盖茨和艾伦在写出 BASCI 后，并未对该语言进行进一步改进，也没有调试出什么毛病。而 MITS 需要请一大批程序员做这些事情。再加上当时社会上到处充斥着盗拷的程式语言。于是罗伯茨放弃了对 BAS-

IC 的销售。这激起了盖茨的愤怒。这时的微软已在与 MITS 的交易中初战告捷，积累了一部分资金，羽翼渐丰。况且那两个野心勃勃的青年人是不会甘做人家的附庸的。盖茨早就想脱离与 MITS 的关系了。

盖茨把情况告诉他父亲，希望得到法律上的解决，做律师的父亲叫他尽管放心，如果盖茨为收回 BASIC 语言的权利而诉讼的话，是有望打赢这场官司的。老比尔帮他儿子在坎布里奇找到了一位律师。

可就在 1976 年底，MITS 内部出现了风波。1977 年罗伯茨将 MITS 卖给了 Perterc 公司。Perterc 要把软件作为交易的一部分，这个争端最后诉诸仲裁。

"他们企图把我们给饿死。我们甚至付不起律师费。他们试着要和我们和解，我们几乎就范，事情到了那么糟的地步。仲裁花了 9 个月才发布它那该死的裁决。不过，等到一切都结束，仲裁者把他们给扯裂了，他们为他们的所作所为付出了代价。"盖茨说。

盖茨在父亲的朋友的帮助下侥幸赢得了这场官司。如果当时输掉了这场官司，盖茨不得不从头再来，那样微软的历史也许将会改写。多年以后，艾伦回忆起当时的情景，仍不免叹道："这场官司让人心有余悸。如果我们输了，我们就得从头再来，比尔让他父亲出点子，我们一直如坐针毡。但这以后，微软再也没有借过钱。"

仲裁对于 Perterc 和艾德·罗伯茨来说是非常严厉的。但这并不能说法院有偏心，因为他们并未遵守原先的协议。他们的行为是"商业海盗行为的终极案例"。

但艾德·罗伯茨坚决声称，他的公司是 BASIC 合法的所有人，因为是他们出资发展这种语言的。

借助风行一时的"牛郎星"，BASIC 语言也迅速推广开来，微软马上拿下了 NEC 和 GE 这两个大客户。

在盖茨与 MITS 达成第一笔交易以后，他经常参与 MITS 的行动商队，在全美各地巡回演出，向玩家展示他的电脑。

1976 年末，艾伦最终决定离开罗伯茨的公司自己去闯天下。两个月后，盖茨也永远离开了坎布里奇。

第三章　微软的创办和发展

　　微软的创办和发展，会有怎样的曲折历程呢？又会有哪些得天独厚的优势呢？

　　当初弱小的微软成为今天不可一世的"软件帝国"，这也许是冥冥之中机缘巧合。但无论如何，历史让我们见证了一个神奇的公司的诞生与它不可磨灭的功绩。

敢当行业"领头羊"的微软公司

在前往坎布里奇之前，盖茨和艾伦就公司的名字讨论过多种方案。而"微软"则来源于在与 MITS 公司签约准备合同文本之时无意识写下的这样一句话："保罗·艾伦和比尔·盖茨为做微型软件而工作。"这给了盖茨灵感，于是他便把公司命名为"Micro—soft"。大概就在他们把公司搬到西雅图的时候，把其中的连接号拿掉了，于是公司称之为"微软"。

作为产业的开创企业，微软前面没有船留下航迹，而后面却有人在不停地追赶。在领跑当中，微软如何判断自己该奔向何方呢？

盖茨和微软时时刻刻都在遭遇这样的"拷问"。作为一个"软件巨人"，微软曾经有过一些不为人知的困惑。但是"微软"始终将市场作为产品的"熔炉"，用市场来衡量产品的优劣。

如今已再也没有人敢轻视盖茨和微软了。有人曾这样戏言，盖茨一拍脑袋，就连"上帝"也会紧张。根据微软以往的做事风格，只要微软决定去做并纳入到战略计划当中的项目，就会迅速行动，为此会让整个市场产生浓郁的紧张气氛。事实上，面对市场，微软每次都是舍得出手的。

快速、加速、变速是信息时代的显著特征。这种特征只有那些敢于奋起直追的人才能真正理解和把握，而盖茨正是这种节奏的绝好把握者。作为世界软件业的巨头，微软公司发生的一系列变化颇为引人关注，比如放弃期权制度，调整全球组织架构，增设七个事业部总监，改变薪酬制度，以客户满意度为主要评价标准等等，这些改变意味着微软公司已经成为一家比较成熟的公司。

盖茨认为，从业界地位和影响的角度来看，微软是领导型公司，很多事情都需要做在前面。这就要求微软公司做任何事情，都要从大局的角度来考虑。比如前面提到的"期权制度"，就给美国整个高科技企业带来了一个全新的概念。

在最近的 3 年中，微软也发生了很大的变化。第一是业务由区域化转而进入行业化，这是市场和客户的需求，这就需要有更多人懂客户的核心业务。第二是总部的产品开发部门与客户的距离拉近了，把过去的市场部改为市场战略部，这样做的好处是让总部做产品开发的人对市场能有更好的了解，让微软更直接地面对客户。第三个改变就是微软更关注客户满意度并有专门的经理来管理，将客户满意策略落到实处。

当然，这些变化不仅体现于微软公司，整个软件产业也存在这样的趋势。作为软件行业的排头兵，微软自然是"春江水暖鸭先知"。当然，从某种程度上说这也是微软在网络时代到来时的顺应潮流之举。尽管微软在引领个人计算机革命方面取得了举世瞩目的成就，但互联网似乎仍是渐渐远离了它的势力范围。当大量网络公司开始崛起时，微软遭受了历史上第一次人才外流的打击：盖茨和他的副手们眼睁睁地看着许多才华横溢的员工兑现了期权，转而投奔一些炙手可热的新创公司。

当然，如今的微软如人到中年，企业创新形态的改革似乎不足以提供公司再度飞跃的动力，因为微软太庞大了。事实上，IT 行业最重要的新业务，都是在实验和快速学习的过程中建立起来的。大公司在这两方面很难做好。它们在新市场面前不能充分开展实验，它们也不能以足够快的速度从结果中学习，但微软正在试图改变这种状况。

充满自信的盖茨曾经对分析师说，没有什么能够阻挡微软创新的脚步，微软的软件技术创新必将帮助设备制造商解决各种各样的高科技难题。

重回西雅图的早期创业

1971 年盖茨拉拢一帮程序员创立了一家公司——交通数据公司（Traf-O-Data）。他们使用一台早期的 Intel 微处理器，分析西雅图大街上的交通流量。可公司的设备从来没有很好地工作过。后来虽然赚了两万美元，但还是没有什么客户。部分观察家质疑交通数据的获利能力以及大部分的记录。结果，这成了盖茨和保罗·艾伦的第一次，基本上也是最后一次在创建硬件方面劳神费力。

他们还成立过一个"逻辑仿真公司"。业务范围包括记课程表、进行交通流量分析、出版烹饪全书等。这个公司承接了湖滨中学全校四百多名学生的课程表程序设计工作。

盖茨和已进入华盛顿州立大学的艾伦为一时找不到一台电脑而沮丧。他们最后不得已自己掏腰包买下了英特尔公司的微处理器芯片。他们和另一个叫保罗·季文伯特的朋友一起制造了自己的电脑。当包着铝箔的芯片送到时他们视如珍宝，都不敢用手去触摸，只想象着这小东西有多神奇。

可是不久，他们终于有了一个真正的玩电脑和编写程序的机会。用于华盛顿州电力网的自动化和计算机化的 TRW 项目的软件出了毛病。而年纪轻轻的盖茨和艾伦在电脑软件方面早已名声远播，他们已为好几家公司编写过电脑程序。TRW 找到了这两位神童。于是，盖茨和艾伦在 TRW 使用上了大型的计算机仿真小型 Traf-O-Data 计算机的技术，从而学会了如何给小型计算机编写程序，这时盖茨仅仅18 岁。

"微软公司"与"蓝色巨人"的合作

"蓝色巨人"IBM 曾是电脑业界的"老大"。在 1973 年，新出任的总裁卡里就英明地决定公司要涉足个人电脑的开发。不久，"蓝色巨人"开始从它设在博卡莱顿的工厂以每天 1 300 台的速度，源源不断地生产出 PC 机来。不到两年工夫，世界就适应、接受了 IBM 的标准，PC 机的市场呈直线增长。

然而 IBM 领导层古板固执并且充满官僚主义作风，眼光局限于大型计算机上。因此在个人计算机革命的关键时刻，这个公司还是落后了一步。

IBM 这个电脑业界的"劳斯莱斯"，后来才不得不请求外援，以期望在新一轮的电脑商战中能够"攻城略地"。有一天，IMB 驻佛罗里达州波卡顿市的主管找到了盖茨，告诉盖茨 IBM 希望能和微软合作，设计一套操作系统，用于 IBM 的个人计算机。

过去在微软与 MITS 合作期间，盖茨和艾伦虽然用 BASIC 语言开发过一个简单的 DOS 系统，但那是个并不成熟的系统，不能在不同的机器上兼容。当时流行的是 CP/M 操作系统，这一操作系统明显比当时的 DOS 高明得多。除了 CP/M 系统，在当时还有上百种的操作系统存在着。

IBM 一度想买下 CP/M 操作系统，CP/M 操作系统的基尔代尔错过了这次机会。其中的原因众说纷纭。有人说谈判的当天基尔代尔刚好不在，他妻子觉得 IBM 的协议对自己不利，而没有爽快地签下协议。可此时的 IBM 却心急火燎，于是又回来找微软公司。

其实，盖茨不是不想与这位巨人搭上关系，而是这时的微软没有符合 IBM 条件的 PC 操作系统。

盖茨说："IBM 是大公司，与之合作，可以说是攀上了高枝。"

在 1980 年，盖茨当时 25 岁。微软还只是一家程序员身份的公司。他们的业务主要是编程语言和软件程序，公司也只有 32 个职员，然而 IBM 来拜访了。

为什么包括 IBM 在内的大客户能那么开明地向一个在华盛顿开小公司的年轻人采购软件呢？也许当时有人认为那么做很疯狂，但他们说："嘿！他那么懂软件，或许他懂得的还更多。"

盖茨深知与 IBM 合作的意义。这次他再也不敢不修边幅了。可是当他揣着可行性报告到 IBM 时，却发现自己没系领带，再一看时间，回家取已经来不及了，于是赶快租来一辆汽车，开进一家百货商店，急急忙忙买了一条领带。

然而，就在当初 IBM 的主管首次造访微软时，他们看到了一个穿着随意的大男孩，站在大门口。他们上前问："比尔·盖茨的办公室怎么走？"小伙子二话不说，将他们一路带进一个办公室，然后在办公桌后坐了下来。这时 IBM 的主管们才恍然大悟：原来这位"大男孩"就是早就闻名湖滨中学的"电脑神童"、哈佛大学的辍学生。

不管怎样，IBM 还是有点疑虑：是否真的能将公司这么大的计划拿给一个不起眼的"毛头小子"。这时候，盖茨的母亲帮了盖茨一把。玛丽·盖茨是 IBM 董事会董事，而 IBM 新任董事长约翰·欧普（John Opel）是她的朋友。在某次董事会后，玛丽·盖茨走进董事长的办公室，并对他说，如果他们的公司与她儿子的公司合作，他们一定会感到满意的。

虽然如此，一位 IBM 的主管仍然说，盖茨看起来还不到可以投资合作的年纪。但是，令人意想不到的是，盖茨这位程序设计天才，和他那一行的高手们，具有与生俱来令人惊异的直觉，这在微软公司与 IBM 合作时一览无遗。

微软与 IBM 有关创建操作系统的合同终于签订了。这给了盖茨和微软生存和发展更大的空间。协议要求，假如 IBM 一旦放弃 DOS，那么微软一分钱也得不到。

为了赶上 IBM 要求的时间，盖茨马上找到西雅图电脑产品公司的程序设计师提姆·帕特森（Tim Patterson），并花了 5 万美元购得一套还未成熟的操作系统，称为"八六磁碟操作系统（86-DOS）"，又叫"快而脏的操作系统（Quick and Dirty Operating System）"。微软买下了它的许可证，具有向其他公司转卖的权利（每卖一套微软要另付 1 500 美元）。然后他们将提姆·帕特森的操作系统作了一番改动，经过包装后，转眼间就成了今天家喻户晓的 MS-DOS。微软一转手就将这套改动的提姆·帕特森产品的许可证颁发给 IBM，并收取了20 万美元的改编费，以及为支付每台机器 1 美元的版权费而预付的40 万美元。其实，提姆·帕特森的产品就是基尔代尔老版本的 CP/M 8086。

基尔代尔是这个世界上最成功的软件操作系统 CP/M 的幕后策划人。当他知道盖茨和 IBM 合作后，放出风声说，要起诉微软。

1981 年末，在每年于西雅图召开的一个夏季节日——Sea First 日之后的那个晚上，基尔代尔和几个副手与盖茨和鲍尔默在西雅图的一家小酒吧会面。在场的基尔代尔极力控制住了恼火的情绪——自己的产品被别人利用，用来做交易，谁都会受不了的。但基尔代尔还是摆出了绅士风度，没有太为难这两个年轻人。也许是他觉得对方是那么的年轻，在年轻人前面威胁要诉讼，是很不体面的。再或是他并不能拿出确切的证据证明盖茨利用了他的产品。所以，双方进行了一场态度不明朗的交谈。最终，基尔代尔觉得，只有开发出一套更高明的操作系统和程式语言，才能让这两个不可一世的小子输得心服口服，同时又让自己不失体面。

刚打赢 IBM 一牌的盖茨深知，与 IBM 的关系对微软今后的生存有多么重要。他早就瞅上了计算机操作系统这一块。操作系统是计算机的灵魂，计算机没有它就失去了"思维"。所以，谁先控制了这个领域谁就控制了未来的软件市场。

成功的 MS-DOC 操作系统

为了迅速占领市场，IBM决定把个人电脑打造成一个软件交流平台，也就是说，各种软件都可以在这里轻易地进行复制。他们的愿望很快就实现了。不久之后，IBM的新机器果真成为全世界广受欢迎的 PC 电脑。

微软在 1981 年交付操作系统后，MS-DOS 成了微软公司生存和发展的"命根"。随后不久大约就有一百家其他的公司取得了 MS-DOS 的使用权，这使得微软的操作系统很快霸占了世界上大部分计算机的桌面。其中包括索尼（Sony）、松下和 NEC 等世界知名企业都来请微软发展他们的操作系统。像 IBM 的电脑一样，MS-DOS 成为业界的标准，这使得微软的销售额直线上升。

1980 年，盖茨把大学的朋友史蒂夫·鲍尔默请来担任总裁个人助理。鲍尔默是个精明干练的家伙，领导能力早在大学时期就锻炼得相当成熟。他的到来使微软繁琐的内部工作变得有条不紊。微软真正成了一个规范的公司。

在把 DOS 操作系统出售给 IBM 和其他许多计算机公司之后，盖茨和鲍尔默的欲望并未得到满足。另一方面，残酷的现实也不会让这家公司不思进取而能长久生存。

盖茨和鲍尔默又有了新的设想。他们设法对微软与 IBM 的协议作一个修正：只要 IBM 愿意将 BASIC 语言嵌在它的 PC 机上，微软就不收取它的版权费。这是一个绝妙的协议，因为协议还另作规定，允许微软转卖 DOS 系统，同时却禁止 IBM 这样做。这就是说盖茨依然把 DOS 系统牢牢把握在自己手中，它只租不售。所以，在未来的 10 年，微软仅出售 DOS 系统就赚了几亿美元。

盖茨的高明之处在于，IBM 这样的大客户一旦把 BASIC 语言嵌入了 PC 机中，如果 IBM 还要开发如应用软件等第三方软件，微软便可以近水楼台先得月了。这一招可谓是一劳永逸。

事物的发展自有其客观的规律，市场也是一样。一个成功的商人，能看准市场方向。早在从哈佛大学辍学的时候，盖茨就认准了将来电脑发展的重点在个人计算机方面。后来果然不出他所料，IBM 的个人电脑产业蒸蒸日上。微软靠基本的机器语言和操作系统牢牢占据着优势。这时，基尔代尔才感觉到，自己的意气用事在商界是怎样的不合时宜。比尔·盖茨不但成功应用了"克隆版"的基尔代尔 CP/M 系统，而且将 CP/M 作了一处关键性的改动：它存储数据用的是不同的文件结构。这意味着在 CP/M 下运行的程序可以转化为在 DOS 下运行，但反过来就会极其困难。总之，CP/M 已被排挤出局了。

然而，基尔代尔也不是那么容易就被打败的。他发现了 BASIC 语言有一个致命的弱点，那就是作为一个大众产品，BASIC 语言对初学者来说，是一种太难把握的语言。这几乎成了 BASIC 语言的灾难。1982 年，基尔代尔想出了一个绝妙的方法。他要设计出一种可以用来很容易教会青年人如何编写程序的新语言。后来他果真编写了一种名为 DRLogo 的学术性程式。它比 BASIC 更简单，而且有比BASIC 更舒适的外观。为此，基尔代尔四处兜售，希望他的 DRLogo能够打败 BASIC 而占领市场，以便让盖茨那个不知天高地厚的小子输得心服口服。

可这位软件业界的天才没有想到，应用程序的市场靠的是先下手为强。人们早已习惯了 BASIC 语言，所以，尽管他倾注了很多心血，DRLogo 还是没有引起大家的注意。这时的基尔代尔终于明白，在商业面前是不能讲绅士风度的。可惜他明白得太晚了。他还曾经想过，他可以创造一组用在自己的操作系统中的关键性的应用程序，这至少可以让自己还有生存的余地。但他最终没这么做，因为他觉得，如果那样做的话，就是与自己的客户竞争。如 Word Star 或 Visi Calc 之类的软件公司的产品都是依靠他的操作系统。若基尔代尔那样做，这两个软件公司就无法生存了。

而盖茨却不会有这种内疚的感觉。在微软早先把软件进行捆绑式销售的时候，盖茨就向用户提供了编程语言，好让他们制造类似的程序。等到与 IBM 在操作系统（DOS）上的交易终止时，微软已经为一系列的适应时代的产品打好了坚实的基础。这些都是新一代的可兼容系统，能够在任何计算机上使用。

微软从来没有安于现状。盖茨不会让微软永远吃 BASIC 和 DOS 的老底。盖茨曾经起用了一个叫查尔斯·西蒙尼的程序员。西蒙尼以前是施乐公司的职员，在帕洛·阿尔托研究中心（PARC）进行过严格的训练。他来微软的时候，把施乐公司在 PARC 上进行探索的图形用户界面（GUI）方面的第一手知识带到了微软。西蒙尼可以说是一名天才的计算机科学家，在施乐公司，他负责的是"施乐之星"（Xerox Star）——该公司的可视化计算机系统的一个文字处理程序。当初苹果公司的老总史蒂夫·乔布斯在1979 年第一眼看到他的演示时，就被这个程序迷住了。

　　西蒙尼加入微软后，受到了盖茨的高度信任，他独立负责可视化操作系统的研发，遗憾的是西蒙尼未能成功。因为在施乐时他只是一名队员，可在微软，他却要独立进行工作。可西蒙尼却给微软带来了美好的理念。西蒙尼相信创造新一代文字处理、表格软件和数据的正确道路是创造一种被所有程序共享的原程序（meta－program）或内核。这种"基本黏土"（basicclay）以后可以迅速而方便地加以量身定做，在不同的 PC 模式上运行，西蒙尼把这个概念叫做 Multi-Tool。

微软公司的管理步入了规范

　　企业是讲求团队运作的，并非只靠一个人的能力来运作。盖茨和他的微软公司之所以能在今天称雄于软件市场，这与他打造的学习型的激情团队管理是分不开的。作为世界首富、IT界的精英、商业界的英雄，盖茨的巨大成就令世人赞叹，而他带领的微软团队更是让人啧啧称奇。微软最成功的不仅是做软件，还有建立团队，盖茨则是微软公司建立团队的"高手中的高手"。

团队是一种为了实现某一目标而由相互协作的个体组成的正式群体。因此，所有的工作团队都是群体，但只有正式群体才能成为工作团队。二十多年以前，当沃尔沃、丰田等公司把团队引入它们的生产过程中时，曾轰动一时，成为新闻热点，因为当时没有几家公司是这样做的。

一个人如果没有团队精神将难成大事，一个企业如果没有团队精神将成为一盘散沙。现代企业的竞争就是团队间的竞争，就是团队协作能力的竞争。精诚合作的团队精神是企业成功的根本保证。因此，微软从创业之初就注重高效团队的打造。

尽管微软业绩每年都在惊人地增长，但为了发挥最大潜力，微软仍然以小组为工作架构，其运作方式比照中小企业，虽然这样需要花费大笔的行政和研发费用，但盖茨却一直这样做。因为盖茨认为，这样可以让员工感到拥有自主权和决策权，这也是他的员工较一般僵化的大机构的员工更积极主动的主要原因。每当微软膨胀太大的时候，盖茨就马上把它拆分成小的团队，每一个团队的人数以200人为上限，这样的结果是使微软始终保持着高效和活力。

在微软公司，员工们没有级别之分，他们的所有工作都是分团队进行的。员工们所在的团队随着时间的推移也会不断地发生变化。他们的弹性是很大的，有的员工在这个团队里可能是队员，到了另外一个团队则可能是队长。他们没有固定的上班时间，没有具体的下班时间，办公室的门24小时都开着。

管理是一门艺术，合理的人员配置、合理的团队架构是成功开发一个软件产品的基础。微软开发团队模型是以"三驾马车"架构为核心的矩阵模型，这保证了团队成员各司其职，能充分沟通，从而开发出符合用户需求的高质量产品。

管理人员发现，在多变的环境中，团队比传统的部门结构或其他形式的稳定性群体更灵活，反应更迅速。团队的最大特点是讲求目标一致和整体效应，而教练型领导在这方面发挥了独特的作用。

如今，大部分的微软小组规模都不曾超越以往，反而不断地分裂成为许多更小的特殊单位。除了一个全力研发 Excel 软件的独立单位外，其余的"特殊小组"都是根据产品的不同性质来决定，其目的只有一个：设计出几近完美的软件。无论如何，这种小组规模让成员们觉得他们的目标专注，可以全力解决自己的事情而不需担心其余的琐事，还可以看到他们自己在一项计划上的影响力。

盖茨非常清楚在当今瞬息万变的市场里，仅仅拥有各自为战的人才是远远不够的。公司需要高度的团队协作精神来使信息得到广泛的共享，让每一个员工的工作都可以建立在大家共同努力的基础之上。要做到这一点，一方面靠丰富的知识储备，另一方面还依赖现时员工彼此之间信息的充分交流。这样每个人都在汲取知识，而他们的收获都会为公司共同的"知识仓库"添砖加瓦。

微软的软件研发经过多年的摸索，已经积累了一套切实可行的经验。软件开发越来越成为一项大工程。大家也意识到开发软件的目的是为了最大限度地让人利用，而不是为了显示软件开发人员的能力有多强、人有多聪明。正如盖茨讲过：微软最大的财富就是人。微软的任何一个产品组在产品开发阶段都将根据不同的特性将项目划分成若干个子项目，每一个子项目的完成都会成就一个"里程碑"。

第四章 独一无二的"微软帝国"

在创业的过程中,比尔·盖茨为什么能一步一步走向成功呢?是因为他善于发现和借助一切可以借助的力量,当然还因为强强联合带来的不同凡响的收获。微软帝国之所以独一无二,这与比尔·盖茨的善于合作有着密不可分的关系。

"微软公司"与"苹果公司"的合作

1981 年，苹果公司创始人史蒂夫·乔布斯邀请盖茨看他的新的 Macintosh 机，希望微软能为新的机器设计出匹配的应用软件。盖茨被 Macintosh 漂亮的界面震撼了，他敏锐地意识到这台计算机代表的将是一个时代。开发软件需要大量的时间，为了拖住苹果公司，赶在它之前设计出类似的产品，盖茨开始了与苹果的合作。

微软和苹果最终议定：微软将为苹果公司开发一套包括三个组件的应用软件。但苹果的 Macintosh 机复杂程度远远超出了软件开发人员的想象，这使得开发工作在苹果原定的时限内不能完成。尽管如此，盖茨还是很高兴，因为这样就拖延了苹果 Mac 机的发布时间。

由于微软公司为苹果公司开发应用软件的事情迟迟未能完成。

弄得苹果的 Mac 机推迟到 1984 年元月才上市。这让史蒂夫·乔布斯大为恼火。于是在 1984 年，他取消了与微软的合作。这就意味着微软可以不受限制地对 Macintosh 程序做任何想做的事，而苹果公司也可以敞开大门，自由地选择软件公司为它的 Mac 机编写应用程序。

1983 年 11 月 10 日是个不平常的日子，就在这一天微软公司包下了纽约市的广场饭店，举办了一次软件展览会。当时有 23 家硬件制造商报名参加。在展会上，Windows 第一次亮相并被当做会展主角隆重登场了。其实当时 Windows 还只是微软公司的一个概念而已。微软公司向制造商承诺第二年春天 Windows 将可投入市场。但实际上直到 1985 年，Windows 才勉强在市场上出现了。盖茨为什么要这样做呢？他不得不这样做，因为他必须赶在前头。他很明白，再好听的歌，第一个人唱的才是最好的。盖茨得到消息，苹果将要在两个月后发布 Macintosh，而 Visi Corp 预定在 1983 年 11 月底发布 Visi On。

在一个星期后的"年度计算机厂商博览会"中，微软的公关人员对 Windows 进行了大量的宣传。他们使用各种样式的宣传品对参会者进行轮番轰炸。他们到处悬挂旗帜和粘贴标签，几乎把能够想到的所有宣传招数都用上了，目的是使对手在心理上产生压力并判断出错。结果盖茨的目的达到了。经过这样一场战争，Visi Corp 果然军心大乱，结果 Visi On 的初次亮相宣告失败了，苹果公司的 Macintosh 也未能成功上市。

在盖茨参加计算机博览大会的时候，受到的另一个打击来自于超强的表格软件——Lotus1-2-3。这不仅仅因为微软的 Multiplan 比起 Lotus1-2-3 来相形见绌，更因为 Lotus 公司比微软的规模更加宏大。在 1983 年，Lotus 公司的总收入就约有 1.6 亿美元。这对极富好胜心的盖茨来说，不能不说是一个灾难，但在这种情况下，盖茨仍然是迎难而上，毫不气馁。他那喜欢挑战的个性使他面对强大的对手时能毫不退缩。虽然微软为此早开始了一个叫 Excel 的表格程序的设计，用来与 Lotus1-2-3 竞争。但由于蜂拥而来的诸多计划，Excel 一直被耽搁了下来。后来受到苹果公司毁约的刺激，盖茨又打算重新开始这一项目。他打算设计一个用于 Macintosh 机的更好的表格程序。雄心勃勃的顶级程序员道格·昆德承接了这项任务。在此后不久的时间里，他就赶制出了 Excel 程序。从内容来看，Excel 基本上是对 Lotusl 的翻版。这在某种程度上是允许的，因为盖茨只要看到结果就会满足，更何况 Excel 还有个重大的革新：智能化的重计算功能。Excel 只重计算那些受到变动影响的表格单元，而不是即使变更一个数字也必须重新计算整个表格及其全部单元（在 Lotus1-2-3 中这是必须的），从而使得计算机工作加快了许多。对于那些需要创建大量表格的人们来说，Excel 是首选。盖茨一开始就把应用对象定位在商业用户上，因为商业用户的市场越来越大，以致苹果公司也不得不改变自己的市场定位。

视窗操作系统的开发和宣传

微软向世界正式推出 Windows95 的产品时，曾经进行了一次声势浩大的市场宣传活动。微软从新西兰的惠灵顿开始，首先力推第一张 Windows95 软盘。紧接着，一个巨大的 Win-dows95 箱柜被运送到悉尼港。全封闭没有窗户的潜水艇暗示着"如果人类生活在没有窗户的世界上，生活将会是什么样？"另外，微软公司还在美国总部举办了一场 Windows95 嘉年华会，当嘉年华会进行到最后时刻，盖茨和美国著名电视节目"今晚秀"的主持人杰·雷诺一起出现，把这场大型

的市场营销传播活动推向高潮。这场令人叹为观止的营销传播活动在全球范围持续进行，总共持续了 24 个小时，活动的费用超过了 2 亿美元。所有的这些沟通活动展示了整个营销沟通的巨大力量，同时也体现了微软营销部门和所有参与这次活动的公司及其他团队的协作精神。

在此之前，微软已经显示了其内部的团队协作能力，一个大型软件的开发项目，其人员往往达到几千人、甚至上万人。Windows95 操作系统就是数千名软件工程师历时 3 年才开发完成的。而且在应用软件领域，用户需要的不仅是一个软件产品，而且还需要与之相关的整体解决方案和全方位服务。Windows95 的诞生，就是个人的聪明才智与团队的共同目标相互促进的结果。

在 Windows95 的营销活动中，微软共雇佣了 120 多家公司为其出谋划策。一个由 60 人组成的公司营销团队专门从事整个活动的协调工作。几千人组成的团队参与了这场把新产品推向世界的市场营销活动。每一个微软产品部门都有专人负责制订和执行本部门的促销计划。让人感受最深刻的一点是，微软的员工都非常懂得节俭。因此一些人称这是微软的"饥饿哲学"。盖茨曾经告诉他的员工："我们赚的每一分钱都来之不易，是我们的血汗钱，所以不应该乱花，应花在刀刃上。"

　　这么一场声势浩大的市场营销传播活动不但需要投入大量的人力、物力和财力，更需要一个团结、步骤协调一致的团队。

微软公司创新的盈利模式

　　微软公司的巨大成功还和盖茨创新的盈利模式不无关系。

　　由于微软公司在软件行业中的突出地位，硅谷称盖茨为"软件业里的撒旦"，**Word Perfect** 公司前任主管甚至称他为"带你过河，然后吃掉你的狐狸"。莲花软件创始人卡波尔说得比较中肯："盖茨代表我们最好或最坏的一面。"在同行眼中，无论盖茨是"魔鬼"还是"天使"，但有一点是毋庸置疑的：盖茨不是靠幸运取得成功的，微软也不是建立在偶然的基础上成为"软件帝国"的。如今已经没有任何的言语可以改变盖茨作为"全球软件巨人"的地位。盖茨所创造的微软奇迹证明了他不仅是一个电脑天才，还是一个出色的经营和管理天才。他在微软的成长过程中付出的心血和汗水，他非凡的事业心、自信心和进取心，以及他在创业过程中高瞻远瞩的眼光和异常敏锐的市场嗅觉都是平常人无法达到的。和如今的在 **Windown**、**Office** 等软件销售上的霸气不同，盖茨在最初的商业运作中首先考虑的不是巨大的利润，而是建立新的行业标准。为此他甚至不惜用廉价或免费使用的方式来获得市场份额。他的创业盈利模式，简而言之就是让更多的人在最短的时间内使用他的产品而"上瘾"，随后他便用相对高的价位来收回相应的投资。

一次，为了给电视机提供一张装有 Web 浏览器和其他内容的 DVD 盘，盖茨与 Web DVD 小组进行了对话，对话中盖茨即使不同意人们对 DVD 功能的分析，他也克制住了自己出名的坏脾气。虽然 DVD 不是微软的核心业务，盖茨也希望在这一领域获胜。

小组成员认为，每张 10 块钱的版税过低。"为什么要标更高的价？"盖茨问。下属解释说，从他们放进盘里的东西来看，10 块钱的版税很难赚到钱。盖茨的脸色严肃起来："我们的战略目标是使 Windows CE（微软推出的用以操作手持计算机设备的操作系统）标准尽可能普及到每个地方。在今后几年里我们可以不赚钱。我们第一次推出 MS-DOS 的时候也不赚钱。如果靠 10 块钱就能打开市场，那么就去做吧。"这就是盖茨所追求的盈利模式。

当他在被美国联邦贸易委员会和司法部的反托拉斯小组调查多年后，他为自己辩解道："在个人电脑出现之前，电脑业的结构和现在有很多的不一样。当时大家都束手无策，因为只要买的是 NEC、IBM、惠普或别的牌子的电脑，你用的软件就只能在这种电脑上运行。"尽管 IBM 新的 PC 在市场上卖得不错，其他几种竞争型号也能销售，但是没有任何计算机能够与其他计算机互相兼容。于是微软忙于将版本稍有不同的操作系统 DOS 和编程语言 BASIC 卖给每个硬件厂商。它的产品深藏在电脑的操作系统或其编程语言内部。

盖茨认为正是自己的努力终结了软件不能通用的状况。微软的想法正是在这些电脑之间可以实现软件通用，其原因在于：若非如此，当你希望运行大量的程序时，你就必须买很多台电脑，几乎是几百万台电脑。所以，电脑的程序必须便宜，而且也要做到不必调试就可以在各种不同机型上面运行。个人电脑业界的目标，就是要每一家公司竞相做出最方便、速度最快、价格最便宜的电脑。这对于消费者来说是一大福音，它也会激发起一个很大的软件市场。

于是盖茨才制定了自己的盈利模式，很快微软这个名字变得耳熟能详了。1982 年，微软公司还没有公开上市，当年收入就达到 3 200 万美元。当然，盖茨和 IBM 有关创建操作系统的合同给了微软公司某种合法性。而 **IBM** 的崛起则让这个公司在操作系统的行业标准确立上有了先发制人的优势。

其他软件企业一次又一次试图用盖茨的手段来保护它们的软件。但具有讽刺意味的是，大多数公司仍把非法复制作为开拓市场的手段，其中也包括微软。那些挥舞着这种旗号的公司，都已经有了成功地确立了其市场地位的产品。后来，微软 **IE** 浏览器名目上是免费模式，但它却与非法复制的性质是一样的，它们的目的是一样的，都是为了抢占市场，从而确立市场的霸主地位。可以说，现在软件企业的许多游戏规则都是微软自己制定的。

盖茨还把这个盈利模式拓展到了台式计算机。针对人们提出的"微软在台式机领域里能够取得多大限度的发展"这一问题，盖茨的回答是："编写可在更多种类的计算机上使用的软件，这些计算机将用在住宅、汽车甚至钱包中。"

在盖茨的构想中，人们可以在微软公司存款取款，在微软公司预约旅游，从微软公司购买音乐产品，在微软公司读书评书，甚至在微软公司的频道上看有线电视。人们也许会发现自己在工作、购物和娱乐时常常要和微软公司打交道。

盖茨的家人和朋友们也许已经习惯了盖茨争强好胜的性格，理解他在这个伟大梦想上的苦心孤诣。但计算机行业的很多人却不买他的账。互联网上有一些专门辱骂盖茨的站点，一些律师事务所专门找他的麻烦，对盖茨的指责不仅仅是因为他的成功，还由于他试图不公正地、或许是非法地运用微软在桌面操作系统上的垄断优势，进一步控制从文字处理到电子数据表、从浏览器到内容的一切领域。微软正把它的 Internet Explorer 浏览器以及 Microsoft Network 内容集成到视窗操作系统中。而这种全方位的推进和垄断，正是他获得财富的"必经之路"。

盖茨在这种盈利模式上的探索也造就了微软的强势，微软在快速发展的过程中也是一直与诉讼相伴。一位风险投资家迈克尔·莫里茨说："像微软公司这样能够在 20 世纪末影响人们生活的诸多方面的公司，在世界历史上很少见。也许你得追溯到罗马帝国时代，才能找出具有微软公司目前这种影响的组织。"

但是，不管外界如何评价微软，盖茨仍很喜欢这一切。智力挑战是乐趣，运动是乐趣，猜谜是乐趣，而与聪明的人一起工作更是超级乐趣。其他人也许认为他冷酷无情甚至残忍，但对他而言，商业竞争就像体育比赛，一场不流血的"体育比赛"。

强势的行业规则制定者

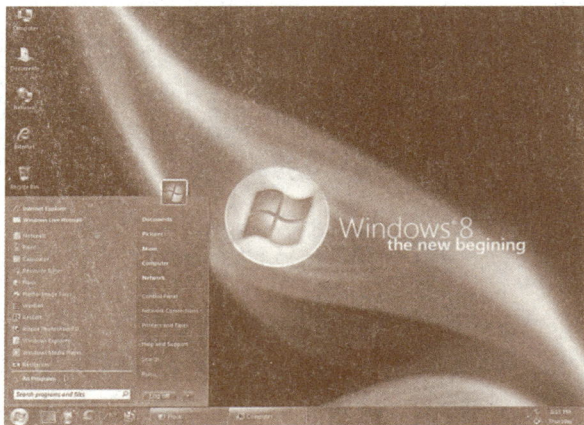

　　微软公司的发展是快速的。虽然微软已经成为事实上的"软件帝国"，但是，为人们所熟知的软件产品也不过几种，如MS-DOS、Windows、Office等，而这几种恰恰就是微软赖以生存的经济命脉。事实上，微软每年花在研发上的费用大概是60亿美元，开发的新产品甚至包括数字盥洗室和人造卫星定位手表等，但只有少数的项目能够为微软带来利润，这也说明了创业过程中选择一个行之有效的项目的重要性。1981年，IBM进入个人电脑市场后，选择了免费的MS-DOS作为其个人电脑的操作系统，此举使微软的操作系统软件借助IBM这股大风而平步青云，其产品销售量猛增。相对于其他竞争者而言，微软的操作系统软件是最早进入市场的。由此它轻而易举地赢得了更多用户的认同，成为个人电脑操作系统的标准平台，在软件市场这只"肥羊"身上切下了最大最好的一块肉。由于掌握着操作系统这一"制胜法宝"，微软将自己定位成便宜、功能强大的操作系统的主人。

当时，盖茨和他的微软还瞄准了另外一个项目：应用软件。在1981年的年度会议上，微软新来的程序员查尔斯·西蒙尼以夸张的言词和动作讲述了应用软件在微软的发展战略中的重要性。他挂出一张图表，以显示这种战略的效果。上面的每条线都标示着劳动大军的收入。曲线起初很平缓，然后便向上延展，而如果依此实行大约15年，根据西蒙尼的宏图，华盛顿州的每个人都将为微软工作。

西蒙尼与盖茨都认识到，必须将目标集中在开发尽可能多的微软应用程序上，以便被更多的计算机平台使用。以至后来，一系列的应用软件逐渐涌现，这其中就包括现在人们所熟知的 Word、Excel 等等，这些应用软件后来组合成的 Office 系列成了微软重要的盈利支撑。

1986年，DOS 面临英特尔新芯片的兼容问题。盖茨发现 DSR 软件公司的博士梅尔·沃德在解决 DOS 兼容问题以及开发前沿新技术方面是一个很理想的高级人才，于是以150万美元把梅尔·沃德兄弟连人带公司一起并购到微软。

梅尔·沃德对技术的理解能力与应用能力都超过了盖茨,他的到来带来了一系列的成功项目。如微软电视电脑融合、视频压缩、RISC 芯片研究、集成 Scripting 语言、在线服务,以及商业谈判。

在与 IBM 的合作开发 OS/2 的过程中,盖茨始终没有放弃 Windows 的研发工作,因为盖茨深知图形化操作系统是今后很长一段时间内持续走红的软件项目。况且,"视窗"已有了两个版本,投入了 6 年的开发时间、上百万个工作日,一旦成为 OS/2 的牺牲品,一切就将成为泡影。盖茨于是一边与 IBM 假意周旋,一边暗中调兵遣将加大 Windows 3.0 的开发力度。

"所有人都意识到个人电脑的未来就是图形用户界面。他们一直想拥有用户界面,这下,IBM 总算答应给他们了,但 IBM 给他们的不过是一个图形卡,而我们给他们的是一个图形的天空,由众多软件围绕的天空。"盖茨说道。

与 IBM 合作的最终结果就是 OS/2 在盖茨声东击西的战术下变得遥遥无期,而微软历史上的一个标志性的操作系统软件 Windows 3.0 却历经千难万险终于走到台前。此时,盖茨已不在乎这将进一步激怒 IBM 了。至少,现在是 IBM 更需要微软,而不是微软更需要 IBM。

在对抗其他瓜分微软市场份额的操作系统过程中,微软处心积虑,使出的最厉害的一招,就是拿住电脑操作系统软件发行渠道的要害——原始设备制造厂家。在微软的"威逼利诱"下，原始设备制造厂家不得不在其个人电脑上预装 Windows，某些用户还必须预装 MS – Office。微软可利用其操作系统在市场的主导地位，要求电脑原始设备制造厂家接受 MS-DOS 的限制性许可证条件：即原始设备制造厂家为所售出的每一台电脑（不论其是否包括 Windows/MS-DOS）向微软交付操作系统的专利权税。这些许可证条件还包括其他限制，例如，通过许可证协议将 Windows 和 DOS 捆绑销售、广泛的最小承诺和长期限的许可证条件。

微软的风波和危机

1985 年 Excel 的成功虽然除去了盖茨的一块心病，但 Windows 似乎不会让盖茨那么省心。不久之后，盖茨要的"PC 机上的 Mac"终于在一个 20 岁的程序员那里成了现实，这个程序员叫尼尔·孔森。在他到了之后，几乎把微软程序员们原来的思路全部打乱了。尼尔·孔森曾参与过为 Macintosh 机编写应用程序的工作，在这紧要关头，他终于决定干点大事。他拿出了 Macintosh 的数据结构和程序格式，从而写出了盖茨苦苦寻求的东西。孔森版的 Windows 甚至还包

含像 Mac 一样的小型
应用程序，如一个绘
图程序、一个时钟程
序和一个谜语软件。
然而当初，为了达到
盖茨理想中的 PC 机
上 的 " Macintosh "，
微软的程序员们不知试验过多少回，可还是不能满足盖茨的要求。

苹果公司的领导人史蒂夫·乔布斯也不是省油的灯，他不会轻易将自己公司的利益拱手让给别人。在 1984 年末，当盖茨向他演示 Excel 时，他却一眼盯上了 Windows。这时的乔布斯根本无心在乎 Excel 是否是适用于 Mac 机的好程序，他看出，Windows 不过是披着 PC 外衣的 Mac。乔布斯无法忍受，他痛恨盖茨违反了他们的秘密协议，偷窃苹果的成果。他甚至开始狂吼、恐吓盖茨，但盖茨并不害怕，他若无其事地坐在那里，任乔布斯无论怎样发作，他都毫不理会这些，因为他知道自己手里有乔布斯喜欢的鱼饵：如果苹果的 Mac 要在商业领域有所进展的话，就离不开 Excel。

但乔布斯和盖茨一样，也具有决不服输的个性。他的第一个想法就是制止微软"利用"苹果的劳动成果。他联合苹果新雇来的产

权律师欧文·拉巴特——一个在微电脑和电视游戏产业界经验丰富
的人，一起打反侵权的战争，乔布斯下定决心要保护苹果的任何权益
不受侵犯。

但是，并不是苹果公司的所有领导人都像乔布斯那样。鉴于公
司接二连三地出现决策性的错误，Macintosh 机的销售量远未达到预
期的目标，一星期只能卖几千台，苹果公司出现了生存危机。更糟
的是，苹果公司内部矛盾白热化，领导层开始为领导权的问题而争
论不已。在开了一次 75 人参加的高级经理行政会议后，总裁斯卡利
公开责骂乔布斯。苹果终于在 1985 年春，剥夺了乔布斯的领导权。
即使情况对乔布斯如此不利，他还是不放过微软的 Windows 系统。
他要和盖茨斗到底，他是无论如何也不会发给微软许可证的。

如果苹果由乔布斯一个人说了算的话，那么微软和电脑软件的
历史就要重写。但后来乔布斯被踢出了苹果公司。盖茨觉得这真是
天赐良机：为了 Windows 的出炉，盖茨正思忖着与苹果公司签一份
明确的许可证。盖茨写了一封信给斯卡利，在信中他暗示斯卡利说
与其孤芳自赏维持一个摇摇欲坠的苹果，不如向所有其他硬件制造
厂商颁发操作系统和硬件的许可证。

对于苹果公司的生存问题，在公司内部曾进行过一次讨论。有
人提出生产一种 Mac 至 PC 的转换主板，这样的话就可能把 IBM 的

PC 变成 Macintosh 的复制品。但是，斯卡利包括其他一些高管担心那样会腐蚀苹果的利润余额，因此不打算把 Mac 机的影响扩大到 PC 界。那样的话苹果就不会选用带 Mac 克隆的 PC 了。鉴于此，苹果当然不会向其他制造商颁发许可证。

盖茨没有得到斯卡利的回信决不罢休，希望能从斯卡利那里得到 Windows 胜利发布的保证，从而不会对微软不利。他威胁斯卡利，如果他不作保证的话，微软将把所有 Macintosh 机撤出市场，并且停止研制未来的 Macintosh 产品。这使斯卡利心有所虑，但苹果的行政人员们一致支持他顶住盖茨的压力，不要被盖茨的虚张声势所迷惑。因为 Macintosh 占微软总收入的 1/3，如果放弃的话代价太大。

盖茨似乎也意识到威胁解决不了问题。这时斯卡利又打来电话，申明 Windows 确实存在法律问题。盖茨觉得事情到了非解决不可的时候。于是和律师比尔·纽科姆飞到了库帕蒂诺，与斯卡利和苹果的总顾问艾尔·埃森斯塔德一起共进晚餐。晚餐是秘密进行的，苹果公司里坚定的"顶住盖茨论"者都没有到场，接下来的事情让所有人摸不着头脑。谁也不知道盖茨使了什么魔法，竟让事情最后解决了。微软给苹果的条件再平凡不过，即保证 Excel 归 Mac 机独家使用至少一年，同时还为 Mac 机制作一个更好的 Macintosh Word 版本。

那位有名的知识产权律师欧文·拉巴波特得知此事，简直不敢相信事情发展成这样。现在他能做的只是尽量挽回局面。他起草了一份严格的限制性协议。协议要求微软只能营销 1.0 版 Windows，而且在 Windows 启动屏幕上必须包括苹果的版权。拉巴波特为此付出了代价，盖茨马上说服埃森斯塔德把他从该项目调走了。

微软终于和苹果签订了难得的协议。苹果不再要求在 Windows 启动屏幕上显示其版权。微软可以自由地销售基于 1.0 版的"现在和将来的软件程序"。另外，微软还有块更可口的"馅饼"，即微软可以向第三方发放 Mac 界面的 Windows 版权许可，以便用于软件程序。

对于苹果，这次交易让它得到的是微软在 1986 年 10 月之前不发布用于 Windows 的 Excel，比一年的期限还要短。而结果微软到 1987 年秋天才完成 PC 版的 Excel，比协议规定的时间还晚上了一年。这次交易对于苹果一方得失可想而知。

1985 年 10 月 28 日，这天是盖茨的 30 岁生日，与苹果公司的恩恩怨怨终于到了了结的时候。合同的细枝末节都得到最后解决。在开完一个隆重的生日派对后的第二天，盖茨向董事会宣布微软准备公开上市。

1986 年 3 月 12 日，微软的股票终于在纳斯达克市场上以每股 21 美元的价格登场了。盖茨拥有微软 45% 的股份，从而一日之间他的证券值达到 3.11 亿美元。同时，微软的许多员工们也一天就变成了富翁。在短短数日之后，每股价格一直攀升到 90.75 美元。这时，盖茨成了最年轻的亿万富翁。

接下来的 1988 年是微软最糟糕的一年。与苹果的纠纷又闹了起来，这是一场旷日持久的诉讼。苹果不同意原许可证的解释，声称原许可证只包括 Windows 的 1.0 版，盖茨为此火冒三丈。诉讼的结果出来了，最终法院判下"各打五十大板"的结果，微软可以继续拥有图形界面许可证。另一方面，由于在 OS/2 方面的冲突，微软与 IBM 的关系也一度恶化。由于微软的文字处理程序 Word 比起 Word Perfect 还差上一大截，之后微软只有靠老年化的 DOS 维持公司的正常运行。

事情发展到这种情况，盖茨暂时接受了鲍尔默的建议：尽量帮助 IBM 成功完成 OS/2 项目。所以，盖茨和鲍尔默在全国为 OS/2 作宣传，向大众许诺，这将是一个更好的操作系统。但盖茨私下里还是继续改进 Windows，不能因为一个不现实的 OS/2，从而使得开发了 6 年、花了上百万个工作日的 Windows 前功尽弃。于是他就把注意力转移到了 Windows 3.0 上。

第五章　平凡而伟大的巨人

　　盖茨这个平凡而又伟大的巨人，有着怎样的生活？他的人生又有怎样的感情经历呢？让我们走近这位巨人，倾听他动人的故事，感受他最真实的一面。

与安·温布莱德的真挚感情

安·温布莱德不仅是位美丽大方的气质女性，也是一位出色的数学家和企业家，是一位让亿万富翁比尔·盖茨十分崇拜与敬仰的职业女性。

很多年前，IT界曾在西雅图举行过一次产品研讨会。在会上，温布莱德曾就计算机产品的设计与商业开发问题发表了许多精辟的见解，那是她最轰动业界的一次谈话。在轮到盖茨发言时，他满怀敬意地高度赞扬了温布莱德的讲话。就是在这次会上，两人相识了，他们彼此都对对方抱有好感。盖茨结识的大多数女性都是在职场，这或许与他是个工作狂分不开。

盖茨非常相信自己的感觉，他认为温布莱德一定很有才华，于是他想方设法接近她。就在当天晚上会议结束后，他叩响了温布莱德房间的门。当时，温布莱德刚好吃过晚餐，正穿着一件低领口长裙躺在床上休息，浑身充满了成熟女性特有的魅力，她很热情地欢迎盖茨的到来。令温布莱德感到非常不解的是，刚进门，盖茨就连连向她道歉："对不起，我事先没有预约，请原谅。"

温布莱德意识到了什么，然后急忙披了件外衣坐了下来，温和地对他说："不要太介意，科学不分地域，也不分性别。"

在接下来他们相处的时间里，温布莱德就像一位姐姐一样关心、体贴、照顾盖茨。一贯深得母亲宠爱的盖茨深深地被这种爱心所征服。温布莱德非常愿意与盖茨待在一起，看着大孩子一样的盖茨在身边无拘无束，自己也仿佛年轻了许多。

在一个没有休息的星期天，盖茨连续工作了 24 个小时，程序终于可以投入运行了。盖茨轻轻松松地出了一口气，兴奋之余，他想到的第一件事就是去找温布莱德。

温布莱德接到盖茨的电话，答应下班后等他。他们又一次见面了。

两天来，盖茨第一次从头到脚痛痛快快地洗了个热水澡，接着狼吞虎咽地吃起了温布莱德为他准备的晚餐。或许除了工作的紧张与兴奋之外，盖茨所设想的人生快乐就是这些。

突然间，他的电话响了，盖茨去接电话，原来又是一个喜讯，微软商业伙伴之一，也是"蓝色巨人"的强敌——康柏计算机公司经理迈克尔·戴维打来电话说："康柏又研制成功了一种基于 386 的 PC 兼容机，价格要比同类产品便宜一半还多。该产品有着广阔的市场，我们的产品需要微软的软件来匹配。"盖茨自然高兴得不得了，他要赶快约见这位"功臣"。于是她静静地等待着他的归来。

当盖茨刚刚结束与戴维的谈话，还没来得及回到温布莱德那里，电话又响了："英国政府信息研究部门派人来纽约考察，他们希望顺便能与你会面，开展合作。"盖茨自然非常乐意与他们交谈，因为这次交谈有可能会给他在英国拓展市场助一臂之力。可是，对温布莱德……盖茨并不想欺骗对方，或许他回不去了。电话中，温布莱德流露出几丝苦涩。看着自己准备好的一桌子美餐，她还是勉强用平和的声音对盖茨说："你不要说那么多了，赶快去纽约与他们谈判吧，你回来后再给我打电话。"盖茨几乎哽咽了，他又一次辜负了温布莱德。他耳边想起了温布莱德安慰他的那句话："做一顿晚餐比编制一个程序要容易得多。"

盖茨匆匆赶到了纽约，已经两天没有睡过一个安稳觉的他，竟一口气与英方官员谈了 8 个小时！面对这些远道而来的客人，他不敢有丝毫的懈怠，他终于又获得了一笔生意。谈判结束后，他便瘫在睡椅上睡着了，他已经整整连续工作了 48 个小时！稍作休息，他又风尘仆仆地赶回西雅图。这时，他不能再想着生意上的事了，他在想或许温布莱德正在念叨着自己呢。想到这儿，他的内心涌起了温布莱德对他圣洁的爱与绵长的柔情。见面后，他告诉温布莱德："我已经有48个小时没有合眼了。是的，48个小时。"温布莱德只是微微地含着笑说："真了不起，那你就闭上眼吧，也闭它48个小时。"于是盖茨像个孩子一样甜甜地睡着了。温布莱德此刻的心也开始安宁了。她为熟睡着的盖茨盖上了一条他最喜欢的红毛毯，然后到厨房为盖茨准备那顿没有吃完的晚餐。

但是盖茨与温布莱德之间的感情也并非一帆风顺。在温布莱德的眼里，盖茨是上帝的宠儿，她不希望盖茨放任自流、随心所欲。有一次，盖茨与一位摇滚歌星斯哥特产生了暧昧关系。斯哥特以与盖茨有染为荣。温布莱德很担心盖茨就此被传出一些绯闻，影响到他的事业，于是她与盖茨进行了一次长谈："我并没有要责怪你的意思，我想告诉你这件事可能会引来麻烦，或许你没有想过它的后果。"温布莱德很耐心地开导着这个几乎什么也不懂的"傻瓜"，"你已经是这里，甚至是全球很出名的人物了，你将来还要拓展自己的事业，所以名声与荣誉对你非常重要。虽然美国是一个民主、自由的国度，你有权选择自己的生活方式，但是，舆论的力量也很可怕。"

　　盖茨也觉得莫名其妙，甚至感到有些后悔了，或许在这之前，他从来没有考虑过自己所做的每一件事情可能带来的后果。温布莱德的告诫让盖茨开始意识到：自己的行为是她所不能容忍的。

　　"比尔，你必须清楚，你已经是一个大人了，你将要对自己的未来承担责任，你的名字或许会被载入人类的史册，你要自尊自爱，别再像个孩子了。"盖茨心悦诚服地点了点头。虽然两人并未走入婚姻的殿堂，但却始终保持着真挚的感情。

与妻子梅琳达的幸福生活

　　比尔·盖茨的结发妻子是梅琳达。从某种意义上讲，盖茨和梅琳达并非"门当户对"，后者的学历更高。梅琳达拥有杜克大学计算机科学和经济专业学士学位，以及工商管理硕士学位。梅琳达还是一位运动员，曾经完成过马拉松比赛，并攀登过雷尼尔山，并到达顶峰。而盖茨仅有

的运动就是偶尔打打网球和高尔夫球，再有就是刚开始不久的跑步。

　　盖茨承认，梅琳达很善于理解人，至少比他做得好。事实上，他经常将妻子当做一名倾听者，有时还会谈到微软的事务。2000年，史蒂夫·鲍尔默取代盖茨就任微软 CEO，当时正是梅琳达帮助盖茨度过了这段难熬的转换期。盖茨说："当时我经常与梅琳达讨论这一问题。"作为盖茨夫妇最亲密的朋友之一，巴菲特直言不讳地表示："盖茨需要梅琳达。"

　　很多人可能会认为梅琳达嫁给盖茨非常幸运，但熟悉盖茨的人都知道，他并不是一个容易相处的人。一位微软高级管理人员曾说："盖茨不善于用语言表达感情，非常严肃，同时又充满强烈的好奇心。"梅琳达知道丈夫喜欢看书，于是就建了一个家庭图书馆。此外，她还相当注意配合丈夫的爱好和兴趣，两人经常玩猜谜和拼图等智力游戏，参加很多富有挑战性的活动。

　　此外，盖茨的个人卫生习惯实在让人难以忍受，这在美国 IT 界早已传为笑谈。他可以连续几天不洗澡，要是坐飞机出去开会的话，回到家里，身上肯定散发着一股臭味。但这些梅琳达都忍了下来，所以在盖茨眼里，梅琳达不仅办事干练，更重要的是她具备一个贤妻的特质，像一只温顺的小绵羊。

结婚后，梅琳达非常注意保护家庭隐私，她想给人们制造的印象是盖茨一家也过着普通的生活。但实际上，盖茨一家并不像她描述的那样"平凡"。他们在西雅图市郊华盛顿湖边的一栋别墅由几幢高大楼阁组成，下有通道连接，并设有暗道机关。别墅中还有电影院、娱乐中心、健身房、巨大的游泳池以及一个 18 米高的瀑布。为了保护家庭隐私，盖茨夫妇花了约 1 440 万美元买下了别墅所在的整个街区。

梅琳达的其他工作包括：在床上喷洒杀虫剂以抵御携带疟疾病毒的蚊子；提供杀菌剂阻止疾病传播；开设小额贷款以帮助穷人开办公司和农场。梅琳达曾经前往肯尼亚，目的是在非洲推动绿色革命，带动农产品产量增加。2006 年，比尔及梅琳达·盖茨基金会同洛克菲勒基金会在一个项目上建立了合作关系。洛克菲勒基金会总裁加蒂斯·罗丁（Judith Rodin）表示："梅琳达是一名全盘考虑者，经常同盖茨一起深入地研究问题。他们希望带来变化，但是从不异想天开。"

比尔及梅琳达·盖茨基金会的巨大影响力来自于梅琳达的全盘考虑和盖茨的出众智慧。U2 乐队主唱 Bono 是盖茨夫妇的好友，同时也是盖茨基金会的受赠人（Bono 领导了一项反贫困运动）。他认为，盖茨与梅琳达是"天作之合"。

巴菲特也认为，梅琳达让盖茨变成了一名更好的决策者。他说：
"盖茨当然是绝顶聪明，但在把握全局方面，梅琳达更胜一筹。当被
问到如果没有梅琳达，他是否还会向比尔及梅琳达·盖茨基金会捐
款时，巴菲特表示："这是一个很好的问题，答案我无法确定。"在
梅琳达刚踏入微软的时候，她就被告知，盖茨是个非常特别的人。
确实，盖茨是一个与众不同的人，单从他对待金钱的态度上就可以
看得出来。对他而言，创业是他人生的旅途，财富是他价值量化的
标尺，他曾经说过："我不是在为钱而工作，钱让我感到很累。""我
只是这笔财富的看管人，我需要找到最合适的方式来使用它。"这就
是盖茨对金钱最真实的看法。事实上，钱既不会改变他的生活，也
不会使他从工作上分心。他经常告诉那些向他求经的朋友："当你有
了1亿美元的时候，你就会明白钱只不过是一种符号而已。"盖茨非
常讨厌那些喜欢用钱摆阔气的人。他在杂志上发表自己的见解："如
果你已经习惯了过分享受，你将不能再像普通人那样生活，而我希
望过普通人的生活。"同所有企业家一样，盖茨也在进行分散风险的
投资，他除了拥有股票与债券外，还进行房地产投资，以及在其他
行业投资。虽然盖茨是个经营天才，但是他从不认为自己的理财能
力更胜一筹，所以他聘请了一位"金管家"——小他十多岁的劳森，
盖茨除了让他管理自己50亿美元的私人投资外，还让他管理比尔及

梅琳达·盖茨慈善基金会的资金。盖茨总是告诉妻子，自己努力工作并不只是为了钱。对待这笔巨大的财富，他从没有想过要如何享用它们，相反在使用这些钱时却很慎重。他不喜欢因钱改变自己的本色，过着前呼后拥的生活，他更喜欢自由自在地独立地与人交往。甚至见到熟人时，还像从前一样热情地与他们打招呼："哦，你好，让我们去吃个热狗如何？"在生活中，盖茨也从不用钱来摆阔。一次，他与一位朋友前往希尔顿饭店开会，那次他们迟到了几分钟，所以没有停车位可以容纳他们的汽车。于是他的朋友建议将车停放在饭店的贵客车位。盖茨不同意，他的朋友说："钱可以由我来付。"盖茨还是不同意，原因非常简单，贵客车位需要多付12美元，盖茨认为那是不必要的花费。盖茨在生活中遵循他的那句话："花钱如炒菜一样，要恰到好处。盐少了，菜就会淡而无味；盐多了，会苦咸难咽。"所以即使是花几美元，盖茨也要让它们发挥出最大的效益。婚后，盖茨与梅琳达很少去一些豪华的餐馆就餐，除非是由于工作上的需要才不得不光顾一些高级餐厅。一般情况下，他们会选择快餐馆，或是到一些咖啡馆，有时还会一块儿光顾一些很有特色的小商店。在西雅图有法国、俄罗斯、日本以及南美一些国家的人开设的商店。在那里可以找到这些国家的一些特色商品。一次，盖茨与梅琳达来到一家墨西哥人开设的食品店，这里被公认是西雅图最实惠的商店。刚一进店门，盖茨就被"50%优惠"的广告词吸引住了，在不远处的葡萄干麦片的大盒包装上的确写着这样几个字。盖茨似乎不敢相信这个标价。因为同样的商品在本地的一些商店要比这里的价格高出一倍。盖茨想得知它的真伪，便上前仔细端详。当他确认货真价实时，才付钱买了下来，并告诉梅琳达："看来这里的确如同人们所说的那样，我今天很高兴自己没有被多掏腰包。"对于自己的衣着，盖茨从不看重它们的牌子或是价钱，只要穿起来感觉舒服，他就会很喜欢。一次盖茨应邀参加由世界32位顶级企业家举办的"夏日派对"，他穿了一身套装，这还是梅琳达先前在泰国普吉岛给他买来拍照时穿的衣服，样子还不错，只是价格还不到歌星、影星一次洗衣服的钱。但盖茨不在乎这些，很高兴地穿着这套衣服参加了这次会议，他生活的信条就是："一个人只要用好了他的每一分钱，他才能做到事业有成、生活幸福。"

创业伙伴保罗·艾伦

保罗·艾伦，1953年出生于美国西雅图。父亲当过20多年的图书管理员，这为他从小博览群书提供了条件。1968年，他与盖茨在湖滨中学相遇，艾伦以其丰富的知识折服了盖茨。两人成了好朋友，一同迈进了计算机王国，掀起一场软件革命。

1975年，他们共同创立了"微软帝国"，艾伦拥有40%的股份。

1982年，艾伦因病离开微软后，一直忙于投资事业。他投资建立了一座"外星人博物馆"，他对天文科学和"外星人"的痴迷令人惊叹。艾伦说科学幻想是人类的希望、梦想、恐惧的反映，他希望新成立的博物馆有助于促进人们对其他文明探索的兴趣。他还捐助2 500万美元用于寻找外星生命。

艾伦是个超级篮球迷和不错的吉他手。艾伦目前拥有美国职业篮球队波特兰开拓者队和美国职业足球队西雅图海鹰队。他还在自己的"屠户店男孩"摇滚乐队内担任吉他手。

艾伦很小就对计算机科学充满了兴趣。由于他的父亲是华盛顿大学图书馆的一名图书管理员，这使他很容易接触到与计算机科学有关的图书。14岁的艾伦已经对计算机达到了痴迷的程度，几乎整天泡在学校计算机房里玩弄那些电子设备并学着编写电脑程序，同时也顺理成章地与学校内的另一个计算机迷——年仅12岁的比尔·

盖茨成了好朋友。两人在一起整天大谈计算机编程，甚至还相互比试。1971年，艾伦考入了华盛顿州立大学，但在两年后毅然退学。理由很简单，他希望实现自己软件创业的梦想。

艾伦知道，要实现这个梦想，光靠自己是不行的，不久他便去找当时正在哈佛读二年级的盖茨，并极力劝说盖茨退学和他一同创业。几番拒绝后，盖茨终于被他的"为个人电脑编写商用软件的想法"说服了。"整个事件几乎是在一念之差下决定的。"就连盖茨也说，"当时如果不是艾伦描绘的蓝图打动了我，也许我还会待在大学里，那么以后所有的故事就不会发生了，我甚至怀疑自己当时是不是太过于冲动。"

他们首先便尝试为第一台微型计算机 Altair 即"牛郎星"编写一种被称为BASIC的程序语言。1975年，BASIC 语言在 Altair 计算机上取得成功，艾伦也因此被麻省理工学院聘请为 Apple Ⅱ 型个人电脑和 Radio Shake 公司的 TRS-80 电脑编写 BASIC 语言。而艾伦与盖茨共同创办的微软公司（Microsoft）也在这一年成立。当艾伦做主用5万美元买下86－DOS 操作系统后，他们终于赢得了与 IBM 合作的机会。几年后，DOS 操作系统成了个人电脑的首选，个人电脑时代也由此拉开了序幕。

这两位创始人的配合可谓是相当默契。艾伦专注于新技术和新理念，而盖茨则以商业为主，销售员、技术负责人、律师、商务谈判员及总裁他一人全部担当。不幸的是，Windows 还没有来临，艾伦就因病在 1982 年离开了微软公司。

一年后，重获健康的艾伦基本不再过问微软的事务，只在董事会留了个职务并拥有 28% 的股份。从这年起，他开始了自己广泛的投资行动。从最初成立的 Asymetrix 软件公司、Sum Total System 公司到最近的 Vulcan 投资公司，他所投资的金额超过数十亿美元，像 ESPN、梦工厂、外星生物研究所、人脑科学院、NBA 球队、房地产、博物馆，包括私人航天计划等都接受过他的投资。此外，他还热衷于公益和慈善事业。

盖茨曾经说过："艾伦在微软创建和发展过程中相当重要，没有他就没有微软，他的意见仍将被高度重视。"但与盖茨的雄才大略相比，艾伦的确算不上是一个出色的管理者或经营者。他本人投资掌控的公司和组织超过 150 家，几乎涉及各个领域，但投资回报少得可怜。正如《不小心挣下亿万身家》（一本以艾伦为主人公的传记）的作者劳拉·里奇指出的："他不是一个好的管理者，因为他优先考虑的不是业务，而是对技术本身的痴迷。"就连美国的《商业周刊》也毫不留情地把他评为"最蹩脚的经理人"之一。他本人可不把这些放在心上，仍然一如既往地做着自己喜欢的事，就像他自己写的一首歌《时间炸弹》中的歌词一样："我所做的一切也许都是错误的，但我仍然会斗志昂扬。"

爱车的比尔·盖茨

盖茨是个狂热的赛车爱好者。19 岁生日时，他当律师的父亲给他购买了一辆保时捷作为礼物。如今，在他西雅图附近的豪宅的车库里停满了各式德国赛车，其中最引人注目的就是那辆 1988 年出产的保时捷 959，它可以在 20 秒内加速至每小时 320 千米。作为限量版技术测试车，这款车在市面上只有二百多辆。

据说，盖茨平时最常开的是敞篷版保时捷 911。开车兜风是盖茨舒缓自己紧张神经的最佳方式。盖茨的一位助手曾透露，盖茨真正想要的是自己的赛车道，但是他担心过不了妻子梅琳达的"这一关"，因为梅琳达总是担心他的驾车的安全性。

此外，盖茨喜欢乒乓球已广为人知，但是人们对他的另一爱好就知之甚少了。盖茨在日本演讲时曾提到，他还对围棋感兴趣。日本媒体称，盖茨是在大学期间从他的一位韩国朋友那里学会下围

棋的。

　　当有人问及盖茨的第一辆汽车时，盖茨毫不犹豫地回答说，他的第一辆车是 1965 年度的福特野马（Mustang）。熟悉汽车历史的人可能会记得，野马是福特的小型运动车，诞生于 1964 年，当年即风靡全美，到年底就卖出 50 多万台，创福特历史纪录。野马品牌经历了近 50 年的风风雨雨，经久不衰。盖茨说他当年对他的野马简直是爱不释手，开着到处转悠。

　　盖茨有好几辆车子，其中一辆是福特的大面包车。有人问他是否有专人开车，盖茨说他喜欢自己开。当然，作为全球首富，出于安全的考虑，盖茨不可能告诉记者他什么时候自己开车，或是开到哪里。

　　比尔·盖茨最爱的车是福特，年轻时的至爱是野马，后来的至爱是个福特大面包，最常开的是德国保时捷。

盖茨还告诉别人说，他并不收集汽车，也不喜欢开快车。当然，年轻时他喜欢开着野马快速行驶，但那是过去的事了。盖茨开过最不平常的车，不过是一辆20多万美元的保时捷959。但是作为限量版，这个型号的车没有碰撞安全级别证明，他就自己编写了一个碰撞测试软件证明这个车安全，可以上路。克林顿才特批一个总统令让他开。所以如果你在美国看见了白色的保时捷959，那肯定就是盖茨的座驾。

父母慈善的熏陶

功成名就之后，比尔·盖茨的父亲老盖茨便劝说儿子将财产投入到慈善事业中，但是盖茨一开始并不认同父亲的这个想法。据当时在场的一些人回忆说，因为不知该如何处置这笔钱，盖茨和自己的母亲在老盖茨的律师事务所大吵了一架。

"我只是想管理我的公司。"盖茨这样对自己的母亲说。盖茨后来解释说，当时自己并不是反对慈善事业，只是觉得公司仍在发展中，不想将自己的精力分散。

但是最后，盖茨还是接受了父母的意见，并在微软内部开设了一个募捐项目，为慈善组织 United Way 募集善款。后来，他还在20

世纪八十年代加入了 United Way 的董事会，而这也是听从了父母的意见。

但是随着盖茨的财富急剧增加，要求他捐款的慈善组织的来信像雪片一样，源源不断地飞到西雅图微软的总部。盖茨曾经说，自己计划参与更多的慈善事业，但前提是一定要等到自己 60 多岁退休之后。

但是这个计划后来因为他的母亲患病而被打乱。玛丽被诊断出患有乳腺癌，在患病期间，她仍然不断劝说自己的儿子要在慈善事业上投入更多精力。1994 年 6 月，玛丽因乳腺癌而逝世。

举行葬礼那天，老盖茨告诉自己的孩子们，不用为他担心。"我至少还有 10 年好日子可以活呢。"老盖茨说。但是对于当时 70 岁的老盖茨来说，失去爱妻的打击还是让他整日无精打采。

大概 6 个月之后的一天，老盖茨和儿子以及儿媳妇梅琳达站在一家电影院门口排队买票。这时，老盖茨提出建立一个慈善基金会的想法，他可以帮助筛选寄到微软总部的求助信件，并从中挑出真正需要帮助的人士，代表微软给他们捐钱。

一周以后，盖茨拿出 1 亿美元开创了"比尔及梅琳达·盖茨慈善基金会"，并委托自己的父亲掌管。这个基金会的第一笔善款，是老盖茨在自家的餐桌上开出的，数额是 8 万美元，受助人是西雅图当地的一家癌症治疗中心。

后来，一些从微软退下来的公司高层也加入到这个基金会的管理工作中。他们和老盖茨一起将基金会越做越大，捐助的范围也扩展到教育和疫苗研发上。

老盖茨毫不讳言说自己不过是帮着儿子照看一下基金会的事业，一旦盖茨和梅琳达有时间，他便会把基金会交给他们管理。与自己的儿子相处 54 年之后，老盖茨知道和盖茨最好的相处模式，就是给盖茨自由的空间。

"他对于任何事情，都有自己的想法。"老盖茨说，"这个家族的人都知道不要和比尔争来争去，因为他总会赢，争来争去不过是浪费时间。"

比尔·盖茨的慈善活动

在盖茨创建了基金会后，他的父亲替他进行管理。开始时，盖茨的父亲会在最有希望获得捐款的请求上草草地作点注释，然后放在一个装葡萄酒的纸盒子里，定期送到儿子家。这个盒子随后会返回

来，上面附有盖茨
的回复。盖茨的父
亲之后会向所有募
捐人回信，有时候
会附带一张 100 万
美元的支票和一页纸多一点儿的祝贺信。

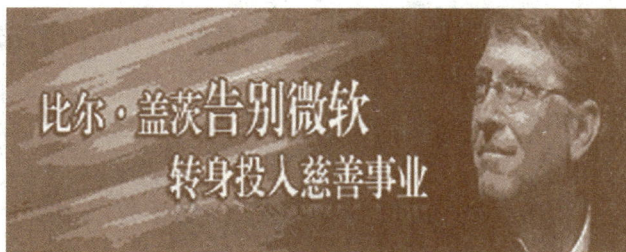

　　盖茨的父亲和一位微软前高管共同管理这个基金会。基金会接
受的捐款越来越多，为之工作的人也增加到数百名，将捐款的使用
范围扩大到教育和疫苗研制领域。

　　后来，比尔·盖茨决定卸任微软执行董事长，自己连"人"带
"钱"全部投入到慈善事业。

　　盖茨在接受英国广播公司记者采访时说，他会把总计市值为 580
亿美元的个人资产悉数捐给慈善基金会。这项决定由他与妻子梅琳
达共同作出。

　　他承诺把资产移交至"比尔及梅琳达·盖茨慈善基金会"账户
下。基金会 2000 年由盖茨夫妇创立，致力于在全球推广卫生和教育
项目，时下已经成长为美国规模最大的民间慈善机构。

　　盖茨夫妇曾打算去世后留给 3 个子女数百万美元遗产，捐出其
余资产。但如今，他们连遗产也无意留下。"我们决定不给孩子们留
财产。"盖茨说，在遗嘱中分配遗产的做法"就像在说哪些孩子
最重要"。

盖茨夫妇捐献的最主要渠道就是"比尔及梅琳达·盖茨慈善基金会"。2008 年基金会名下总资产额高达 288 亿美元，是世界上最大的慈善基金会。

盖茨曾在一次访问中表示，如果没有梅琳达，很可能就没有基金会。事实上，盖茨每天在堆砌财富，而与他相伴 12 载的妻子则在琢磨着怎样用掉这些钱。41 岁的梅琳达已经是 3 个孩子的母亲——珍妮弗、罗伊和菲比。尽管她完全能够享受世界上最丰厚的物质生活，但梅琳达却不同于一般贵妇人。梅琳达并不热衷于购物和打扮，她的行事作风颇有商业女强人的风范，她对慈善基金会的管理非常讲求效率、目标明确并且有很大的责任感。

在基金会资产投资方面，梅琳达也发挥着巨大的作用。每当她和盖茨选择一个新的捐款方向和捐款地点时，他们都会问两个问题：什么问题影响了最多的人？我们过去忽略了什么问题？虽然很多慈善家也采用同样的方式，但盖茨夫妇更为严格。梅琳达说："我们会仔细审视所有的不公平，并努力通过捐款带来最大的变化。"

因此，虽然盖茨基金会不向美国癌症协会捐款，但却为了治愈那些导致更多人死亡的疾病，包括艾滋病、疟疾和肺结核在内，捐赠了数十亿美元。通常情况下，盖茨更加注重疫苗研究和可能会在未来发挥效力的科学解决方案，梅琳达则更加关注立即帮助病人减轻痛苦。她说："疫苗救不了孩子。我更愿意前往印度农村，亲眼看到那些孩子获得救助。当然，我们还有很多其他工作要做。"

1993 年，盖茨夫妇的第一次非洲之旅对他们后来的慈善事业产生了重要的影响。在扎伊尔，他们看到光着脚的妇女不得不头顶着水罐、怀抱着孩子走几英里的路到市场去；在肯尼亚，他们被邀请参加了一个马赛人的割礼仪式；在非洲各地，他们在路上还看到了无数饿得皮包骨头的孩子。这一切都让梅琳达和盖茨心烦意乱。随后，他们找来当年的《世界发展报告》，里面的内容更令他们震惊。梅琳达说："非洲的孩子们会死于腹泻和其他非常普通的疾病，而简单的接种疫苗就完全可以避免这些悲剧。我们意识到必须更多地了解这方面的信息，而我们知道得越多就越觉得不能再等了。"

比尔·盖茨的"微软之路"

比尔·盖茨自己认为微软之所以会取得如此巨大的成功，除了历史的机遇外，还有刻苦的学习和深刻体会。

盖茨在湖滨中学的经历，使他的天分得到了自由的发挥。在计算机的世界里，小孩同成人一样握有控制权。这种成长的环境，使盖茨和他的伙伴们一开始就因为热爱而怀抱梦想。

许多年后，每当比尔·盖茨回忆起和保罗·艾伦创立微软时的情景都激动不已：那天，盖茨和艾伦正站在哈佛大学广场上忘情地阅读《大众电子》杂志中有关一台小计算机的描述文章。他们不是非常清楚计算机会得到怎样的具体应用。但他们确信，计算机将会改变他们和这个世界。因此他们产生了一个梦想：让所有的人的桌面上都有一台计算机。

正是这个梦想强烈地激励着两个年轻人放弃学业，创立了微软。也正是这个伟大的愿景，使以后的微软能走得更快更远。

盖茨离开哈佛大学就是创立微软的成本。一切拥有雄心和远见的人，一定是敢于打破常规的人，历史的机遇常常稍纵即逝，容不得瞻前顾后。

在微软由小到大的过程中，微软有两个突出的阶段，一是将 MS-DOS 授权给 IBM 的 PC，另一个是开发 Windows 可视界面操作系统。

在个人计算机革命到来之际，微软很好地把握了自己的发展战略：通过开发通用操作系统和应用软件来发展自己的竞争优势，同时，借助 IBM 的力量把自己带到一个更高的竞争地位。坚持开放的兼容性的开发，把计算机的世界从一个集硬件、软件于一体的集中性、垄断性产业变成了标准化、可替代性的竞争性产业。

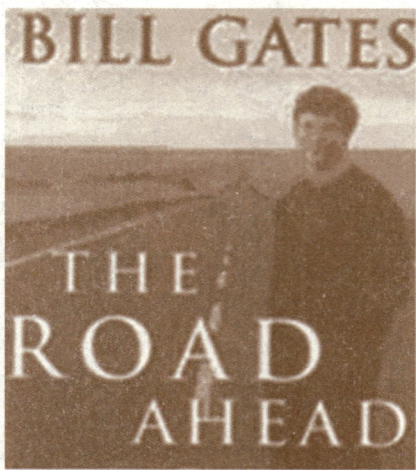

盖茨认为只要把软件卖到一个很大的数量，即使是价格低廉，公司也可以发展壮大。今天来看，这是盖茨之所以成为世界首富的原因之一。现在世界上约有 1 亿台个人计算机上运行的是微软的 Windows 操作系统，微软不仅做到了数量上的壮大，而且在这个赢家通吃的市场上拥有绝对的垄断地位。

在 MS-DOS 帮助微软赚得钵满盆满的同时，盖茨想到了下一步的发展，他们从苹果电脑的图形操作中受到了启发，他们决定推出自己的操作系统——Windows。

对微软来说，这样的一幕经常出现：竞争对手总是先他们一步作出创新的举动，微软发现了巨大的市场利益，尾随其后。微软的前 3 版产品，总是遭人诟病或耻笑。但是，随着微软产品的质量有所提高，市场的份额也逐渐提高。微软高举低价格或免费的大棒，把对手推向危险的边缘，当对手开始通过法律来控诉微软的垄断时，微软已把目光投向了下一个目标。

微软开发的 Windows 就是这样，Windows 1.0 出世历经了 7 年时间，而且遭到了嘲笑和抵制。到了 Windows 3.0 略有好转。但是，到了 1995 年，当 Windows 95 首发当天，竟然出现了客户彻夜排队购买的场面。

可以说从 Windows 95 开始，个人计算机的市场才得到了更多更大的发展。

当 Windows 95 取得大捷的时候，另一场革命正在发生，一个由浏览器引发的互联网革命爆发了。一个名为网景的公司，一个纯靠互联网而创的公司，站在了时代的前列，这家公司仅仅成立了一年，它推出的浏览器就获得重大成功，成为当时最热门的浏览器。

盖茨修正了自己在互联网方面的战略，微软开始了自己的互联网征途。当微软的浏览器 IE5 发布后，由于免费使用，用户占有率到了 90％ 以上。网景卖给了 AOL（即美国在线，AOL 后归时代华纳所有），2008 年 2 月 1 日停止更新且不再提供任何技术支持，它从大众的视野里消失了。

在 1995 年的《未来之路》，比尔就预见到：总有一天，微软会跟其他曾经的企业一样，由于失去了对形势敏锐的判断，而在历史的机会中跌大跟头。他预言了一切，包括自己的失误。互联网转型的案例，在微软成为一段佳话或警示。

在 1995 年到现在的十几年间，微软仍然保持着自己的警惕和"饥饿"感，它的领域在不断扩大，对手也越来越新，越来越强：IBM、Sun、Orcale、Google、Adobe……

微软已经有了三十多年的历史，比尔·盖茨已经把微软的目标定格在更高的位置：使信息无时无处不在，信息时代最终将提供人类更高的效率和更好的生活体验。他认为，自己的成功只与个人努力有关，而与金钱多少没多大关系。确实，他几乎所有的创业的资金都是他自己在上学之余打工挣来的，而从来没有向父母伸过手。几乎所有人都钦佩他这点。

　　现在，微软公司的员工所得的各项收入，即使在美国也是最高的。盖茨也从不吝啬对员工发放一些奖金。早在创业之初，公司总经理的年薪就达到了 22 万美元，而那时，盖茨每年只领取 13 万美元。他认为，自己对公司作出的贡献并不是最大的。

　　在微软还有一些让人不敢相信的数字，每年都会在几千名员工中产生几十个百万富翁。盖茨认为，这些钱只是他们成功的象征而已，除此之外，他不觉得还有什么其他意义。

第六章　微软巨人的成功秘诀

微软巨大成功的背后有怎样的秘密呢？

微软巨人的成功有着怎样的社会背景呢？

在所有成功的要素中，什么才是真正的原因呢？在看了这一章后，你一定会懂得一个巨大成功背后的秘密。

不断地学习和接受教育

什么样的人才能在事业上取得巨大成功？成功人士是否一定具有良好的教育背景？当我们走近那些在事业上取得巨大成功的人士时，我们就会看到，这些人都有一个共同的特征：他们具有高瞻远瞩的目光、远大的个人目标、非凡的计划能力和迎难而上的做事激情。当然，他们善于把握时机，善于学习，并且能够不断创新。良好的教育背景和学习能力是他们成功的一个大前提。

当然很多人认为盖茨的成功是个特例，因为他没有读完大学就开始了自己的创业，而且同一时代的许多成功的创业者也跟他一样，同样没有太高的学历，有许多都是辍学创业的。例如，苹果公司创

始人乔布斯大学也没毕业。迈克尔·戴尔——戴尔公司的董事长，500 强企业总裁中最年轻、最具有潜力的 CEO，也是一个大学都没念完的辍学小子，他开创了电脑销售的新模式。雅虎公司前首席执行官杨致远也是从博士辍学的。

　　我们不妨看看那些成功的富豪们：在《福布斯》2005 年全球富豪榜中，691 位财富超过 10 亿美元的富豪中有 388 人是自创业者，18 人是中学辍学者。共有 68 名女富豪上榜，包括 7 名自创业者。这些富豪的平均年龄为 64 岁，有 29 人不到 40 岁，220 人超过 70 岁。如今，一位叫扎克伯格的 28 岁的小伙子再次创造了财富神话，因为他创办了社交网站 FaceBook，据保守估计其身价超过 135 亿美元，而他用了不到 8 年时间就做到了，更为巧合的是他与盖茨一样是从哈佛辍学的。

　　上述例子似乎都在鼓励人们不要去学习，不需要接受很高的学校教育。其实这是一个误解：广义的学习不仅仅局限于学校，学校教育只是学习的一部分。人在工作和生活中，只要留心去做，就可以处处学习，甚至学到课本上学不到的东西。在竞争异常激烈的当今社会，学习不只是一个时间段，而是相伴一生的课题。但是应当看到的是盖茨辍学办公司的时候已经绝非少年，而是著名的哈佛大学三年级学生，他上了大学，而仅仅是在毕业之前发现难得的机遇才辍学，他不缺少大学的正规教育。

从盖茨的家庭环境来看，盖茨的父亲是一位杰出的律师，母亲是华盛顿大学评议员及大企业的董事。为了让孩子接受良好的教育，盖茨的双亲在他中学时代便将他送进管理正规、教学条件先进的西雅图湖滨私立中学就读。

我们再看另一方面，当小学时，同龄人都还陶醉于无忧无虑的梦幻童年之时，盖茨却在计算机前一泡就是一整天。他一直到大学辍学，自始至终都是一名刻苦且成绩优异的学生，他有着扎实的学业基础。盖茨曾经坦然指出，他没有完成大学学业，主要是公司很快上了轨道，发展迅速，让他无暇把剩下的学业修完，其实在他当初休学时，他并未打算就此告别大学生涯。

事业成功的人，在学校读书的时候虽少，但本身那种努力学习的精神并不缺少。诺贝尔经济学奖得主弗里得曼曾说："不要把在学校的时间多少与学问的高低混为一谈。有些人在学校念了很多书也没有什么学问，有些人念书不多，但学问却非同小可。"

盖茨中途决定退出哈佛大学时，他也完全清楚：如果他失败，他还可以回到哈佛大学继续完成学业。这当然和哈佛大学相对自由宽松的学校管理制度有一定的关系。设想哈佛大学是另外一种政策——如果今天离开了，就永远回不来了，也许盖茨考虑这个问题的时候就是另外的情况了，创业的情况就会随之而变。也就是说，盖茨已经利用他的聪明才智将创业的成本降到了最低。

当然，盖茨决定辍学创业时的重要原因就是看到了个人电脑稍纵即逝的商机。盖茨中学时期，正是计算机技术发展的起步之时，而世界计算机技术的中心在美国，盖茨当时便紧跟最新的计算机技术，并始终坚持不懈地学习。即使在大学学法律时，也没有放弃对计算机技术的钻研。当大学三年级的时候，他已经是一名出色的计算机专家，他是以一名计算机专家的身份辍学的，而不是大家想象的放荡少年。所以他才在别人对市场商机观瞻仰望时，便果敢地进入这一行业。

微软的成功让盖茨的辍学创业的事件广为流传。虽然盖茨没有继续读完他的哈佛课程，但是这些有趣的程序员们都读完了自己的课程，而且是行业内的佼佼者。微软每年招收的员工中应届毕业生占70%以上，聪明优秀、有良好的教育背景是他们的代名词。在这个由一群瘦弱的、戴着厚厚眼镜的天才书呆子们所统治的世界中，却处处生机勃勃。

这些各具特色的微软员工来自生活的各个领域：诗人、画家、教师、导游、建筑师、汽车销售员、歌手、哲学家，诸如此类。在微软刚刚创业的那段时间，几乎所有未经培训的员工都是从一些非科技领域拉拢过来的，这一切都只因为软件那时刚刚成为一种新兴的行业。

在微软公司的员工里，甚至有为伐木工做饭的厨子、保加利亚的民间歌手。不管他们原来的身份如何，但这些人都充满活力，想法新颖，富于冒险精神，有着良好的教育和学术背景。

在盖茨的眼中，除了自己的微软事业之外，没有什么比学习和教育更重要的了。他最早的基金会就是为教育而设立的。迄今为止，盖茨已为改善低收入人群的学习条件投入超过 14 亿美元。仅在 2003—2008 年期间，盖茨的基金会已向美国 1 500 多所中学捐款 7.33 亿美元。

巨大的信心和勇气

创业意味着冒险和付出，也意味着失败和挫折。盖茨有今天的成就，来自于他对计算机事业坚持不懈的追求，来自于他巨大的信心和勇气。在过去创业的日子里，这个亿万富翁每年真正的休息日却只有几天，其余时间大都用在一刻不停的思考和艰苦的工作之中，

并且从来没有退缩过，从来没有畏惧过。我们来看看微软公司的下述成就就会明白。

盖茨与微软，从最初收购的 DOS，模仿了苹果界面的视窗、几个办公软件，紧随网景的浏览器，最终打败了性能上超过 Windows 的 IBMOS/2，成了今天的"王者"。这些软件虽然在设计上，在当时都不是技术最先进的，但是微软和盖茨最终取得了胜利，占据了市场的最大份额。

每当盖茨的父亲老盖茨在谈及儿子最令他骄傲的地方时，他回答的第一点总是强调盖茨很自信，他非常相信自己能做得很好。当然，老盖茨还诉说了盖茨的其他优点，如明白事理、洞察力强、工作很拼命，而且他有很好的判断力以及幽默感等特点。

微软在发展期间经历了许许多多的挫折。但盖茨始终是自信的。他善于审时度势、抓住机会和果断决策，这才让我们看到今天的"微软帝国"。

盖茨凭着独到的眼光，坚信个人电脑的触角将深入未来每一个家庭中，也相信结合微处理器与软件将大大改写过去以大型电脑为主的状态。正是由于他的这种信念和坚持，他才能在个人电脑革命的初期掌握稍纵即逝的创业机会，其后又一直保持正确的发展方向，并终于使自己成为全球首富与软件业最具影响力的名人。

当比尔·盖茨离家到哈佛攻读的时候，曾发誓要在 25 岁之前成为百万富翁，这种理想绝非当时一般年轻人所具备的。不过事实证明，他确实做到了，等到他 30 岁的时候，他就已经成为一名家财亿万的富翁，并且在此基础上继续前进，连续十多年稳居世界富豪榜的首位。

当然，比尔·盖茨的自信并非无源之水，无本之木。盖茨在数学和电脑编程方面的才能让他对该领域充满了信心。从最初为"牛郎星"计算机编写 BASIC 程序开始，盖茨就对自己的计算机水平和创业能力充满了自信。在短短的八个星期里，盖茨和艾伦竭尽全力，终于成功地写出了一套程式语言，造成了一连串的大的改变，扩大了电脑的世界。盖茨和艾伦完成了这个常人不可能完成的任务，这一惊人的创举也在电脑爱好者中激起波澜，因为此前从来没有人完成过类似的事情。

当然，盖茨也并非天生如此的，而是靠后天的努力和付出。盖茨在六年级的时候个头很小性格腼腆，一副十分需要保护的样子，还被送去看过心理医生。有一次，他为了邀请一个女孩去参加学校舞会，愁了整整两个星期，但最后还是被拒绝了。直到进入大学，盖茨仍然属于那种不善交际的类型。只是在鲍尔默的带动和强迫下，盖茨才参加了一些社交活动。

有这样一件事情：在鲍尔默劝说下，盖茨参加"卡雷"男子俱乐部，在首次参加俱乐部活动的仪式上，鲍尔默让盖茨身穿礼服，并将他的眼睛蒙上来到学校的自助餐厅。鲍尔默强迫盖茨向在场的其他人谈谈计算机方面的事。这些锻炼为他日后的商业谈判积累了一定的经验。

随着微软事业的不断壮大，盖茨对软件行业的自信心也越来越大。在公共场合，人们经常能够看到他那充满自信的笑脸。无论是面对微软将被"一分为二"的时候，还是面对美国在线、时代华纳和雅虎逼迫的时候，还在面对 Linux 等众多新秀要重新瓜分市场的时候，盖茨都是这样一副笑脸。这张笑脸代表的是自信，也是对对手施加精神压力的武器，当然也是微软的一块"金字招牌"。

美国《华尔街杂志》在一篇有关企业家的文章中得出结论：成功的企业家都具有能感染他人的强烈自信。创造者和创新者都是对自己"深信不疑的"。他们相信自己，相信自己的决定。对失败的担心往往使一般的人感到气馁，但创造者和创新者对自己的想法却充满信心，对失败的担心绝不可能吓倒他们。可以说，强烈的自信或许比其他任何品质更能让人做出重大成就。

盖茨的经历告诉我们，要对自己有信心，对未来有信心，要坚信成败并非命中注定，只要努力总有一天会成功，更要坚信自己能战胜一切困难。世界上没有永远的冬天，也没有永远的失败，在艰难和不幸的日子里，要保持斗志、信心和忍耐。

在激烈竞争的市场上，有许许多多从事电脑产业的公司不是在起步时夭折，就是在发展过程中被对手挤出市场。而微软在几十年风风雨雨的创业中，却始终保持着可持续增长的势头，不能不说这是一个自信心所创造的奇迹。

正是盖茨在创业过程中始终相信自己能做好的信心和一往无前的勇气，微软才在盖茨的领导下，不断地提高和改进软件技术，成就了今日举世闻名的"微软帝国"。

做你所爱的，爱你所做的

曾有一个这样的故事。

2001 年 5 月，美国内华达州的麦迪逊中学在入学考试时出了这

么一个题目：比尔·盖茨的
办公桌有五只带锁的抽屉，
分别贴着财富、兴趣、幸
福、荣誉、成功五个标签，
盖茨总是只带一把钥匙，而
把其他的四把锁在抽屉里，
请问：盖茨带的是哪一把钥
匙？其他的四把锁在哪一只
或哪几只抽屉里？

　　一位刚到美国的中国学
生，恰巧赶上这场考试，看到这个题后，一下慌了手脚，因为他不
知道它到底是一道语文题还是一道数学题，结果一个字都没答。考
试结束后，他去问他的担保人——该校的一名理事。理事告诉他，
那是一道智能测试题，内容不在书本上，也没有标准答案，每个人
都可根据自己的理解自由地回答，但是老师有权根据他的观点给一
个分数。

　　中国学生在这道 9 分的题上得了 5 分。老师认为，他没答一个
字，至少说明他是诚实的，凭这一点应该给一半以上的分数。让他
不能理解的是，他的同桌回答了这个题目，却仅得了 1 分。同桌的

答案是，盖茨带的是财富抽屉上的钥匙，其他的钥匙都锁在这只抽屉里。后来，他的这位美国同桌写信去向比尔·盖茨请教答案。比尔·盖茨在回信中写了这么两句话：在你最感兴趣的事物上，隐藏着你人生的秘密。人生最幸福的事就是把时间浪费在对你最有意义的事情上面。

做你所爱的，爱你所做的。一个人做自己感兴趣的事，并且将它做到最好，幸福、财富、荣誉和成功自然就会随之而来。对于企业，做你擅长的，擅长你所做的，业务放在你的优势上，并且放大优势，成功就会向你走近。

争取第一，拒绝第二

比尔·盖茨具有一种永不服输的精神。他做事的风格就是争取第一，拒绝第二。

比尔·盖茨曾经对他童年时代要好的朋友说："与其做一株绿洲上的小草，还不如做一棵秃丘中的橡树，因为小草毫无个性，而橡树昂首笑傲苍穹。"

　　从小学一直到大学都不做笔记的比尔·盖茨却抄写过洛克菲勒的一句名言："即使你们把我身上的衣服剥得精光，然后把我扔在一个孤岛上，但只要有两个条件——给我一点时间，并且让一支船队从岛边路过，那要不了多久，我就会成为一个新的亿万富翁……"

　　由此可以看出，盖茨在小的时候，就有一种执著的精神和想成为"人杰"的强烈欲望。他的同学曾回忆说："任何事情，不管是演奏乐器还是作文，除非不做，否则他都会花上所有的时间来完成。"

　　童年的比尔·盖茨对和小伙伴们聚在一起追逐跑跳不感兴趣，他愿意一个人干自己喜欢的事情。在宽松的家庭环境下，他很早就表现出了与众不同的性格，只要他想办的事情，就一定要干到最好。如果是与别人比赛，就非要获胜不可，认准了的事情，任凭别人说什么，他都要一门心思干到底。

　　盖茨身上表现出来的竞争精神似乎是天生的，但也与他童年时代的游戏和体育运动等方面密不可分。不管是与他姐姐克里斯蒂娜一起玩拼板游戏，还是在每年一度的家庭体育项目比赛上，或是与其他朋友在乡村俱乐部的游泳池里，他都会全力以赴，从不放过任何一次证明自己的机会。

事实上，盖茨一直是在竞争中长大的，他们全家都喜爱竞争。一位朋友回忆道："每天晚上他们都玩'罗圈搏'（一种石头、剪刀、布的游戏）以决定谁来洗碗。"许多晚上，全家一起在晚饭后玩"刽子手"牌戏。

在上哈佛大学时，盖茨还一度迷恋上了扑克赌博。虽说是玩扑克，可盖茨一旦投入，所表现出来的热情绝不亚于对计算机的热情，就好像他正在干一件他认为十分重要的事情一样。刚开始时，盖茨虽然输得一塌糊涂，但他一点也不灰心丧气，坚信自己玩得多了，就一定可以玩好。果然，慢慢地他变成了一位玩牌高手。

"比尔没有干不成的事，"他的朋友布莱特曼说，"他总是集中精力干好一件事，决不轻易放手。他的决心就是，不干则罢，要干就干好。玩扑克与研究软件，比尔都做得很好，他可不在乎别人怎么想。"

说到学习，早在中学时代，他的数学成绩就是全校最好的。即使在哈佛大学这样精英荟萃的学府，比尔·盖茨的数学才能仍很突出。

从比尔·盖茨的情况来看，向数学方面发展，无疑可以成为一名优秀的数学家。但当他发现还有几个同学在数学方面比他更胜一筹后，他还是放弃了专攻数学的打算。因为他有一个信条：在一切事情上不屈居第二。

现在，盖茨的家庭游戏已经演化成一场精巧的微软年度大事，称为 Micro Games。有位软件业主还记得：他在一场乒乓球比赛中击败了盖茨。几小时后，当绝大部分客人都离开后，盖茨走向他，真真切切地生气了，因为他输了。"你让我在所有人面前大大地丢脸了。"他叫喊道。比尔·盖茨——这个世界上最富裕的人，竟然因为在公开场合输了一场乒乓球而恼羞成怒。

盖茨能成为软件霸主，聪明并不是第一位的，他不愿屈居第二的志向才是他成功的真正动力。

把握机遇，搭上了 IBM 的巨型战车

正是因为盖茨从不放过任何商机，因此，他也就成了"抓住了一个世纪可能只会出现一次的幸运的人"，并让自己的软件公司有了里程碑式的发展。当然，这个商机同样也曾摆在另外一个人的面前，

但他却没有去好好珍惜，最后只得眼看着盖茨的财富扶摇直上而望洋兴叹。这个人就是美国数位研究软件公司的格里·基尔代尔，是他将几百亿生意拱手让给微软。数年后基尔代尔博士后悔莫及，欲哭无泪，并在 1985 年英年早逝。现在看来，如果不是他的失误而留下的偶然机会，盖茨可能就不会像今天这么显赫，至少他的财富积累速度要慢上许多。

1977 年，苹果公司推出风靡一时的微型个人电脑。八十年代初，一直对微型电脑不屑一顾的电脑巨人 IBM 终于如梦初醒，决心尽快进军个人电脑市场。可是，因多年来忽视了对微型电脑的研究，一时来不及研制微处理器和操作系统这两项核心技术，再加上被没完没了的反垄断官司吓怕了，IBM 决定暂时向技术领先的小公司购买微处理器和操作系统来应急。

经调研和论证，IBM 决定采用英特尔公司的 8088 微处理器。在操作系统领域，当时领导潮流的是数字研究公司的 CP/M 操作系统。为了尽快推出产品，当时已经是大型公司的 IBM 屈尊来登门商讨合作事宜。

盖茨见证了此事，盖茨回忆说，"当时有一位黑衣男子到来，我正好在公司，亲自接待，并进行实质性会谈。而这个时间，基尔代尔不巧正搭乘私人飞机出外游玩，来客由他的妻子礼仪性接待"。心急如焚的 IBM 公司工作人员在基尔代尔那儿一无所获后，当然把合作的重心转移到了曾经为第一台微型计算机开发过 BASIC 程序的微软公司。

这个机会来得很突然。IBM 公司需要微软为即将开发的新型个人电脑提交一份操作系统方案。事实是，微软当时既没有操作系统，也没有时间去开发 IBM 所需的那种操作系统。但是盖茨是何等精明的人物，他立刻敏锐地意识到，IBM 微型电脑有可能轻易击败苹果电脑，成为真正人手一台的个人电脑，一个巨大的市场有可能即将出现。

他毫不犹豫地对 IBM 的负责人说："是的，马上！"他考虑的是在市场开拓初期，技术水平一时的高低有时并不重要，更具有决定性意义的事情是抢占市场份额并借此建立市场标准。如果能搭乘"电脑巨人"的便车捷足先登，抢先占领个人电脑操作系统市场的制高点，微软就有可能一步登天。

于是盖茨牢牢把握住了这次机会，经过 6 个月的奋战，终于让微软的 MS-DOS 搭上了 IBM 的巨型战车。当然，盖茨的年龄优势也在这次谈判中起了举足轻重的作用，他的娃娃脸让许多人低估了他的经营头脑。这导致了 IBM 做出了将操作系统外包给微软公司的错误决定，这让他们付出了高昂的代价。IBM 原以为，他们可以把二十多岁的盖茨玩弄于股掌之上，结果却是自命不凡的 IBM 沦为"替他人做嫁衣"的倒霉鬼。

盖茨向 IBM 开出了看起来极有诱惑力的合作条件，即微软完全配合 IBM 和英特尔的硬件标准和规格，特别设计 PC-DOS 操作系统，每台电脑收不到 50 美元的授权费。IBM 大喜过望，双方一拍即合。但是盖茨却保留了 PC-DOS 的独占权，而且可以授权其他硬件厂商使用将 PC-DOS 略为修改而成的 MS-DOS。

凭借电脑巨人的赫赫威名和营销网络，IBM 个人电脑一时畅销全世界，全球电脑厂家争先恐后地为 IBM 电脑开发应用软件，使与应用软件紧密相关的微软 DOS 不费吹灰之力便成为软件产业的行业标准。如今，全世界 80% 以上的电脑都是使用微软产品的，更有甚者，新出厂的个人电脑绝大部分都已经预装了微软的软件。因此，比起竞争对手，盖茨一起跑就领先了一大截。

凡事做到最好

　　盖茨曾经这样说过："时间走到了今天，能让我感兴趣的不是赚钱，如果我必须在我的工作和拥有很多财富之间选择的话，我会选择工作，我觉得领导着成千上万的聪明能干的人要比在银行里拥有一大笔资金更能令人激动。"盖茨对于微软的事业始终充满了激情，"每天早晨醒来，一想到所从事的工作和所开发的技术将会给人类生活带来的巨大影响和变化，我就会无比兴奋和激动。"在盖茨看来，一个成就事业的人，最重要的素质是对工作的激情，而不是能力及其他。他的这种理念，成为微软文化的一种核心，像基石一样让微软王国在软件世界中傲视群雄。"我从来未想过我会变得富有，这根本不是我的梦想，时刻

激励着我向上的是一种创造与众不同的愿望。我希望成为一个成功的事业者。"

在盖茨的眼中,勤奋和敬业是成功之本。因为微软一直在从事着用软件刷新世界的面貌的工作,这项工作是神圣与伟大的。盖茨强调的激情文化实际上也就是把这种使命感注入自己的工作当中,敬重自己的职业,并从努力工作中找到人生的意义。这其实就是人们所说的敬业。

缺乏敬业精神是团队建设不容忽视的问题。研究表明,在大部分公司里,50%的员工不敬业,就是说公司里的半数员工不敬业。而且,研究结果也说明,员工资历越长,越不敬业。

但在微软,不敬业的情况很少发生。因为所有的员工都是为了自己的兴趣而来,背负着崇高的梦想而进行工作。盖茨本人工作狂热也给员工起了一个良好的示范作用。所以,在微软很少发现浪费资源、贻误商机以及收入减少、员工流失、缺勤增加和效率低下等现象。

在微软长期工作的唐骏见证了微软公司的上述精神,并在自己身上很好地体现出来。

在微软经历了7年之久的唐骏,在第八个年头出任微软中国区总裁时,上任伊始就推出一系列计划,如军乐团计划、护航计划、春耕计划,分别是针对内部、客户和合作伙伴的计划,这些也都是把总部的策略赋予了中国的特色。

这些令人眼花缭乱的改造，多是"有史以来""规模最大"的，而且很多举措在微软全球其他66家分公司里甚至都没有先例。2002年，中国在某种意义上成了微软的"特区"，投资力度更是空前加大，这一切与唐骏从中的积极斡旋密不可分。

作为一个微软的员工依旧保持着如此的工作激情，这不能不说是微软的激情文化使然。自称是"激情的狂热分子"的他显然很善于调动员工的积极性。唐骏对员工提出一个理念——简单加勤奋。他做什么事都是问题看得简单一点，工作勤奋一点。他的最低要求就员工具有敬业精神。因为，除非团队成员能够尽职尽责、全身心地投入工作中，否则他们就不可能把事情做好。而个人做不好事情，团队的整体绩效就不好。

唐骏因此在微软也创下了许多个纪录：微软中国创造了10年历史中最高的销售纪录，同时也是微软亚太区15家分公司里以及微软全球32家大中型分公司中业务增长最快的公司；在微软全球近80家分公司当中，微软中国是唯一一家，也是微软历史上唯一一家连续6个月都创造了当月销售量历史最高纪录的分公司。

更让他感到自豪的是，这个理念他已经贯彻了好几年了，而且一直在这么做。《从优秀到卓越》这本书调查了1 143家公司，从优秀到卓越的企业只做了一件事，就是简单加勤奋。一家企业做到简单加勤奋，就做到了卓越。

这个道理看起来似乎过于简单，但实际上却是颠扑不破的真理。因为 21 世纪是信息时代，信息的传递，使天涯若比邻。任何时候，任何地方，人们都可以轻易得到所需要的任何知识与信息。当然，你也会知道昨天晚上，你的竞争对手是否比你多掌握了一些你所不知道的信息。这些事情都在告诉我们：必须勤字打头，掌握时间，立即行动！

所有的一切都显示，能够超越你的竞争对手的关键，能够使你成功的关键，一是勤奋，二是敬业。只有用勤奋和敬业来衡量员工，业务模式才会变得更加简单，管理也才会变得更简单。这也就是微软成功的奥秘之一。

人才是真正的财富

比尔·盖茨创建的微软帝国到现在已经走过了三十多年的历程。从最初的两个人发展到现在的八万多人，并从屈指可数的资金一跃成为稳居世界首富位置达 10 年之久，微软一直创造着知识经济的奇迹，因此它被称为"迄今为止致力于 PC 软件开发的世界上最大最富有的公司"。在当今这个跳槽普遍盛行的时代，为什么微软能够"生产"数以千计的百万富翁，且对公司忠心耿耿？有人说，微软公司之所以一路顺风，这与比尔·盖茨的用人制度是分不开的。"微软的成功，主要来源于汇聚了大量的英才"。在盖茨的用人观念影响下，微软的首要任务成了寻找致力于通过软件的开发来改善人们生活的人才，不管这样的人生活在何处，微软都要将他们网罗至旗下。这也成了微软在短时间内迅速崛起并保持长胜姿态的一个最好解释。

长久以来，人们一般认为企业成功与否不在于雇佣人员的多少，而在于如何引导普通人员作出最出色的贡献。盖茨却为这个看法加上了一个看起来十分苛刻的条件：必须始终寻找并聘请电脑工业中最出色的人才。因为盖茨在电脑方面所表现出来的天才素质，使他用人的原则变得十分简单，那就是找最聪明的人才。

盖茨认为："聪明"就是能迅速地、有创见地理解并深入研究复杂的问题。具体地说，就是善于接受新事物，反应敏捷；能迅速地进入一个新领域，并对其作出十分清晰的解释；提出的问题往往能一针见血，正中要害；能及时掌握所学知识，并且博闻强识；能把原来认为互不相干的领域联系在一起并使问题得到解决。

这一点与微软所从事的行业密切相关。在产品周期通常只有6到18个月的软件行业，岗位责任和职位变动频繁。微软公司的招聘着眼于"才能"，目标是聘到孜孜不倦的学习者，能随时解决业内新问题的人以及适应业务需要、能在公司内变动工作的人。

盖茨时常对软件开发人员说："四到五年后，现在的每句程序指令都得淘汰。"这么快的更新速度，要求程序设计员必须有良好的创新能力。因此盖茨一直都是只长期雇用最顶尖的人才，这些顶尖人才占公司人数的5%。

现在微软公司有220多名专职招聘的人员，他们每年要访问130多所大学，举行7 400多次面谈，而这一切仅仅是为了招聘2 000名新雇员。微软公司编有一个专用程序，它负责统计出用户所使用的关键词。从统计的结果可分析出此人是否具有较高的计算机技能，并将其列为招聘对象。

微软招募英才最多的"沃土"自然是那几所名列世界前茅的大学：哈佛大学、耶鲁大学、麻省理工学院、卡耐基·梅隆大学，当然也包括其他一些大学如华特鲁大学，这所大学以其数学闻名于世。在中国以外，共有15所美国大学、4所加拿大大学和6所日本大学成为微软的目标，微软不时地派人前往这些大学寻找后备人才。

为了保持不同凡响的增长率，微软必须不断采取员工推荐、报纸及行业广告、贸易展和会议、校园招聘会、网上设置公司起始页、实习计划及猎头公司等活动积极聘用高素质员工。但微软之所以能独步业内，并不是因为有这些活动。更准确地说，靠的是蕴含在这些活动中的聘人哲学。它的招聘不是针对某个职位或群体，而是着眼于整个企业。

在此方面，微软的成功经验包括：鼓励管理者雇佣比自己更强的人才；使用严格的人才录用和评估标准；对所有员工一视同仁，领导坚持以身作则等。这些行之有效的用人制度切实保证了微软能够将全世界最优秀的 IT 人才汇聚在公司内，为公司的长远发展提供有力的支持。

其实，微软成立之初，就对招聘有着超常的重视。时至今日，微软的人力资源负责人还是以能够配合好盖茨等创始人的制度作为选才的标准之一："我们的做法还是像只有 10 个人的公司在聘用第 11 个人一样。"

在招聘时，微软关心的不是人员具备怎样的知识，因为知识很容易获得，也不是人员在校成绩的好坏，微软需要的人才必须是最精明的、勤于动脑和思考的人，因为只有这样的员工才会很快改进错误，用各种方法改善工作，节省公司的时间和金钱。

这种人才的高明之处就在于：他们既拥有雄厚的科学技术和专门业务的知识存量，又了解和把握经营管理规则，并能运用自身知识存量和所撑握的规则在市场激烈竞争中操作自如、得心应手。微软公司以比尔·盖茨为代表，聚集了一大批这样的人才，在技术开发上一路领先，在经营上运作高超，使微软成为全球发展最快的公司之一。

微软的面试官都是经过专门的招聘训练的。虽然应聘人员是由人力资源部门统筹，人员的面试和决定却是由应聘者将要加入的部门负责。应聘人员通常会被 4 到 5 位未来可能一起工作的人员做一对一并进行长达 1 个小时的询问。

根据微软考试应聘者的这一原则，大学考试成绩并不是衡量一个人的最重要的标准，一个人的成绩只要没有差到"平均线"以下，就有资格走进微软进行面试。在大学里分数第一但通不过微软面试的大有人在。另外，学校导师极力推荐的学生不一定能为微软所接受，导师竭力说"不"的学生，也不一定会被微软拒绝。面试的目的，主要在于检验应试者书本之外的能力。

一些到微软进行过面试过的人说，应试者进入微软，就会觉得过去学过的书本上的知识全都用不上。面试中微软公司常给那些刚毕业的大学生出一些稀奇古怪的问题，媒体曾报道过微软公司研究院面试中的一些典型问题：为什么下水道的盖子是圆形的？你和你的导师发生分歧怎么办？两条不规则的绳子，每条绳子的燃烧时间是1小时，请在45分钟烧完两条绳子。还有一个最常问的问题是"全美有多少加油站？"

主考官全是各个方面的专家，每个人都有一套问题，并有不同的侧重，考题通常并未经过集体商量，但有4个问题是考官们共同关心的：是否足够聪明？是否有创新的激情？是否有团队精神？专业基础怎么样？

微软面试时还常常这样做：在上午给应聘者一些新的知识，下午则提出相关的问题，看应聘者究竟掌握了多少。在招聘人才时微软较注重人才的综合素质，即除了考虑人才的专业背景外，还要考查其心理和情感因素，其中包括应变能力、适应能力、再学习能力、竞争能力、承受压力的能力等。

像上面的这些问题，答案正确与否并不重要，如果应征者连想都不想就说不知道，这个人马上就被判出局，因为面试者想要知道的是应征者如何思考和解决问题。应征者通过层层面试，最后还要经过部门主管长达1个小时的审核，才能做最后的决定。微软公司认为对面试问题的回答会透露出应聘者的心理特征和思维模式，两个学历背景非常相似的人，往往会因其不同的性格和心理特点做出完全迥异的工作成绩，因此考查一个人，学历固然重要，但学历背后的综合素质也是十分关键的。微软建立的这套网罗顶尖人才、珍惜顶尖人才的机制，形成了一种"宁缺毋滥，人尽其才"的选人用人模式。

员工参与是能聘到最合适精英的关键。在很多时候，从副总裁一直到盖茨等所有高级管理人员都会亲自参与招聘。这样，就强调了招聘环节对公司成功的重要性。对引进人才的考试，不是上面坐一排考官，应试者一人在下面应对，而是一个应试者只面对一名考官，"一对一"，讲平等。使用员工，盖茨永远只聘用比实际所需少一点的人，即"N-1"，原因并不是为了减少成本开支，而是为了挑选更优秀的人才。

因此当新人们如愿以偿加入微软之后，就会发现上下到处都是成功人士，在这个公司里人们都看起来精神抖擞。公司里所有的人都穿着普通的服装，有着难以置信的谦逊，没有锋芒毕露和咄咄逼人的姿态，也没有愚蠢和傲慢。同时他们都有着强烈的信心，坚信这个集体将来一定会取得成功。

规范管理才能制胜

最近，美国密歇根大学的研究人员进行了一些实验，他们安排一个工作小组的人员在一个专门设计的"竞争房间"内一起工作了

几个月。结果发现，
工作人员在这种新
型办公室内的工作
效率，比在传统的
办公室内的工作效
率提高了很多。

该项目小组对6
组软件开发人员进行了测试，这些工作人员几乎没有在"竞争房间"
工作过的经验，利用软件开发业通常采用的考核方法，研究人员对
员工的劳动生产率进行评价。

然后，将在"竞争房间"内工作的员工的工作效率数据与传统
情况下员工的工作效率进行比较。实验表明，在"竞争房间"中，
员工的工作效率是以往的两倍多。而且，在后续的11次实验中，研
究人员得到了几乎相同的结果，有的甚至把工作效率提高了4倍！

这就是竞争的魅力所在。盖茨正是看到了竞争对工作效率的促
进作用，因此微软公司采取定期淘汰的严酷制度，每半年考评一次，
并且将效率差的5%的员工淘汰出去，使员工保持一定的竞争压力。
1975年以来，微软一直保持了很高的淘汰率（85%以上），但是工
作5年以上的人员，几乎都会选择继续留在微软，这些人构成了微
软稳定的主力开发人员群体。

与激烈竞争的软件市场一样，微软内部人才的竞争也十分激烈，加之微软扩张得异常迅速，每隔几个月就得重新组合一次，使内部人才的竞争愈演愈烈，甚至充满了火药味。

"能者上，庸者下。"这是微软的用人原则。不断地裁掉最差的员工，是微软的一贯做法。

通用公司的CEO韦尔奇在电视访谈节目中曾经一直强调这样一个观点：不断地裁掉最差的10%的员工，对公司的发展至关重要。各层经理每年要将自己管理的员工进行严格的评估和分类，从而产生20%的明星员工（"A"类），70%的活力员工（"B"类）以及10%的落后员工（"C"类）。而盖茨也是这种观点的支持者。因此，微软公司内部也实行独树一帜的达尔文式管理风格：适者生存，不适者淘汰。这样，微软公司便能够不断将资质较差的员工排除掉，以保持整个企业的正常的"新陈代谢"状态，让企业保持活力。

在微软，以前是每半年有一个业绩考评，现在改成了一年。业绩考评是按规定百分比的打分制，满分实行"五分制"，但是必须规定，最多只能有规定比例的人拿到规定的分数（比如说20%能拿4.0以上，必须有20%的人拿3.0或者是3.0以下）。如果你连续在这儿待两年，什么都没有干好的话，肯定是3.0或者是3.0以下。如果在微软连续两次拿3.0的话，你在这个部门基本上待不下去了，去别的地方也不会要你。

当然，微软也相当注重给员工们创造发展的机会，工作评估就是一个行之有效的方法。工作评估不仅是员工晋升的依据，还是公司挖掘人才潜能的一个有效手段。评估的重点是寻求双方的认同，给员工一个自由发展的空间。一方面，员工应看出自己的不足，加以改进；另一方面，如果评估结果显示，公司现有的管理制度确实阻碍了员工发挥自己的工作潜能，那么，公司就应该立刻改进自己的管理风格并调整计划。

微软每年都有两次评比，是由员工的经理直接来给员工评分，这个分数直接影响员工的晋升和员工的奖金。由于公司要求，评分的结果要呈正态分布，比如要求 3 分（5 分制）以下的员工必须占到 25%，所以经理们的评分很有建设性，不能当老好人，没有办法对下面的员工进行包庇。同时，所有的员工也要给经理的各项指标打分，通过统计会有一个结果告诉经理，他在人员管理的哪一方面有不足，哪一方面表现优秀。

微软采取全方位的工作评估方法：即由员工本人、负责经理、直属下属、同事、客户对员工作全面的评价，以保证评估的客观性。在评估过程中，微软注重反馈和跟踪。有关负责人会和员工面谈，及时认可他们的成绩，并为员工的进一步发展提出建设性意见，帮助他们有效地改进工作方法，合理地利用人力和资源，使员工们更好地完成所制定的工作。这可以使员工和组织配合默契，最大限度地调动员工们的工作积极性，同时，也使员工所反映的问题得到及时解决。这些举措使得微软在市场竞争中立于不败之地。

从微软公司内部的竞争结果来看，并没有形成一种让人感觉"残酷无情"的企业文化。这是因为，首先，微软的绩效管理体制的核心是形成内部竞争，保持员工对绩效评定的焦虑，驱使员工自觉地寻求超越自己和超越他人的方法。在实际操作中，对有些已经很稳定、很强势的部门，每年只有5％的人离开，对处于底端的5％，微软给他们做出个人改进计划，勒令改进。所以并不是每年都要走掉很多人。其次，企业内部存在正常的人员流动。每年都会有精英员工离开，而新招来的人不一定比原来的人更优秀，去芜存菁必须长期进行。因此，将竞争内部化，先战胜自己，再赢得市场成了微软的惯例。管理层、市场部门、服务部门、软件开发团队等首先要经过企业内部激烈的环境考验，然后才能在外部市场的竞争中从容应对。只有在内部竞争中胜出，才会被推向市场。这样才能够保证微软在外部市场中始终保持强大的竞争力。

微软不在乎人员的流动，最在乎的是能否保持足够的激情和智慧，在乎每一个具体的工作是否都有最好的专才在做。对于微软来说，速度和结果才是最重要的。通过推行绩效管理，将员工的薪酬、发展和淘汰机制的建立与管理系统紧密连接起来，用压力机制创造"鲶鱼效应"，让员工紧张起来。

　　各种策略拉动下的循环，背后是微软强有力的财力支撑。这也就促使员工更加努力地去工作。

　　在微软，竞争到处存在。假如你是微软的员工，你会发现周围的每一个人都极其优秀，进而感到一种由衷的自豪，最终转化为前进的动力。在这样的环境里，员工自豪的同时，不敢有丝毫的懈怠，同时又充满激情。

　　"如果一个部门20个人，就你一个人在努力工作，你会不会做下去？如果20个人，19个在努力工作，你会怎么样？"微软的一位员工这样说道。微软从盖茨的小公司开始创造这种努力工作的氛围，后来的人也继续把这种氛围保持下去。微软现在有这样的一个大环境，新来的员工什么都不用想就知道应该努力工作。

　　当然，微软的这种内部竞争机制是建立在竞争基础上的，而不是斗争，这种竞争是理性的。能做到这一点，微软完全是靠制度来保障的。在微软，团队协作仍然是团队的核心，但是竞争环境下的合作被赋予了新的含义，微软通过无级别的员工平等意识来激发成员的竞争意识，用争论来激活团队的气氛。这样既满足了员工自身提高水平和技能的需要，也满足了团队目标的需要。

一定要有长期的计划

很多人创业背后的想法是成功套现，但盖茨的创业梦想却并非如此。他的想法就是要让计算机简单到"他的妈妈也可以使用"，网络化、智能化、个性化、人性化是现代计算机的特点。网络化是基础，智能化是核心，个性化是需求，人性化是追求。如果把智能化比作人的"智商"，那么，人性化就是人的"情商"。而这正体现了一种对品牌人性化的重视。

"当你创办一家企业时，你要有一个目标。对有些人来说，是一种财务目标——这没有什么错。对有些人来说，目标是他们想打造的一种特别的东西。对保罗和我来说，目标就是使计算机成为一种增强人类能力最有效的工具的梦想。"盖茨这样说。

　　而从公司创办的第一天起，这个远景一直没有改变过。虽然个人计算机最初的时候很不起眼，但由于芯片和软件的魔力，盖茨把它视为某种能有很好前景的东西。"我们当时没有打算上市和发财。没有短期思维，事情总是要干它个几十年，没有捷径，我们属于一步一个脚印的那种。"

　　从最开始微软就承载了盖茨如此沉重的梦想，也就是能够开发出适合人们使用的软件。即使是从不同的硬件公司购买的机器，它们也能都运行同样的软件。这虽然在现在看起来是再简单不过的事情了，但在当时，这意味着计算机业的一次彻底重组。

　　"我们当时没有想我们会赚大钱。当然，我们确实赚了很多钱。但对公司能变得多大，我们当时的看法是很谨慎的。"当预测起今后电脑的发展时，盖茨毫不胆怯地说："计算机在未来的 10 年里对我们生活的改变将超过以前的 20 年。"

　　这不仅是因为人们的日常生活越来越多地依赖计算机，还由于计算机创新的速度从来没有像现在这样快。处理器功率继续按照摩尔定律向前发展，而网络宽带、无线、存储和图形功能正在以更快的速度增长。

　　这种硬件创新的速度更刺激了盖茨的创造欲望。他往往夜以继日地在办公室里开发新的软件，以便让他的数字梦想能够早日得到实现。他的成功源自于他杰出的天赋、坚忍不拔的追求、顽强的竞争意识和全身心的投入。他常常在两台计算机上工作，一台机器的四个画面从互联网络中连续不断获得数据，另一台处理着上百封电子邮件和备忘录，把他的大脑与网络联成一体。他的思维可能真是数字式的：毫无草率之情，没有一丝马虎之举，只是将数十亿的二进位脉冲转化成正确的答案。

微软宏大的战略激励了盖茨，也激励所有的微软人将艰辛的编程当做了生命的必需。虽然不一定有丰硕的收获，但他们依旧心平气和地继续耕种。"我认为人类的智慧没有任何独特之处。"盖茨在一次晚餐时说，"大脑中产生感觉和感情的全部神经细胞都是以二进制工作的，将来我们会在机器上复制它们。"

在这个战略目标的鼓舞下，盖茨和其他的微软人十分清楚自己所做的是一件重要的事情，并用全部的激情去努力奋斗。也许，我们不久将会用上他向我们展示的"无论在家里哪个角落都能无线使用的电脑屏幕——智能显示器（smartdisplay）"，或者我们也可以很轻松就能从浩渺的互联网上找到我们所需要的富有智能提示的文字、图片式音像，或者我们也可以在北京的 Kinko 机上输入打印命令，然后在纽约或巴黎的 Kinko 机上取资料。

"对于未来十年内实现我们还是小伙子时的那会儿梦想的大部分目标，我对此充满信心。我想我们正走在实现目标的路上。"盖茨对于实现这一伟大的战略目标充满了信心。当然我们所熟知的信息化在微软眼中，才只露出冰山一角。信息技术正面临着三大趋势：一是软件不再只是针对 PC，而是包括手表、闹钟、汽车、电视、电话等任何能插电的东西，使它们变成智能设备，而且都可以上网；二是 XMLWeb 服务将从以前的无序、无结构变成有序、有结构；三是 Web 服务将不只是在一台计算机上运作，而是可以把整个互联网当做计算的环境。

当然盖茨和他的伙伴们也明白电脑最终将会成为决定"信息工作者"完成工作的基本工具。同时他们也清醒地意识到要实现这一远景，当然不会一帆风顺。如今，盖茨把许多设备直接应用到 Windows XP 上，比如手机、摄像机、照相机等等这样在推出软件产品的时候，这些产品已经有了下一代应用的功能，这就是盖茨推动软件业向前发展的周期。

如今，盖茨又预言，软件就是为了连接信息、人、系统和设备，即"软件就是服务"的概念。并以此为假设，力推 Microsoft. NET

计划，用以实现任何时间、任何地点、任何设备都可以获取自己所需要的信息。在盖茨预言的未来世界里，我们可以通过掌上电脑，甚至是一部手机随时获取国家气象局提供的天气信息、股市的股票动态、公司对自己的工作任务安排列表、当前自己的地理位置及周围十千米内的详细地图信息等。而提供这一切信息的都是软件服务。这是微软围绕它的战略对未来世界发展趋势的又一次豪赌。

当然，盖茨一直都在雇佣很聪明、很能干的人来帮助推进这个战略。在微软最常听到的问题是："你如何做才能够提高市场占有率？""如何做可以做得更好？"员工们在不断地思考如何改进，想办法扩张市场。微软在朝着完美无缺的个人电脑梦想逼近。

稳操胜券立于不败之地

在美国生意场上，老是有人跟盖茨过不去，他们一次又一次想把盖茨及微软置于死地。然而，面对如此的竞争环境，盖茨还是稳操胜券，立于不败之地。

有人发表过一篇小文，调侃盖茨，称盖茨是《圣经》在第 13 章的预言：将来统领全世界的"魔鬼"，在右手上，或是在额上，受一个印记，代号"666"。试看，在右手上或额上受一个印记的众生，不正是今日数以亿计的右手握鼠标、额对显示器的电脑操作者吗？

这一调侃成为事实的话，又有什么不好呢？盖茨所代表的是知识经济，而知识经济在未来社会将是不可战胜的。

事实上，微软的现有实力和发展前景已经显示：盖茨不愧为"电脑界第一人"。其中的理由有三方面：

其一，盖茨所拥有的财富以及他占有财富的手段，在当今世界无可匹敌。在十几年的时间里就积累了600多亿美元的财产，成为世界首富，这在世界的历史上是前无古人的。比起那些疯狂榨取人民血汗，然后富甲一方的权贵，或靠数代奋斗才苦熬成富豪的传统型商贾而言，盖茨不是富得令人钦佩而又值得敬仰吗？

世界已经进入知识经济时代。知识经济是世界进入一个信息传

递高速化、商业竞争全球化、科技发展高新化时代的经济，是市场经济发展到高级阶段的产物。盖茨正是通过他的无与伦比的软件开发，在信息传递、高新科技和全球化网络领域中占领了制高点，并迅速积累起巨大的财富。盖茨不仅是知识经济的精英人物，而且从某种意义上来说，经济学家正是通过盖茨的成功，才更直观地发现了知识经济的力量。知识就是力量，知识的力量战无不胜，盖茨则是最具这种力量的先驱者。

其二，因为有了 Internet（因特网），世界才变得更加美好，而盖茨所创造的软件，尤其是 Net 战略，正是未来信息社会赖以生存的载体。

已经普及世界各个角落的 Internet，构成了与现实社会相对应的"虚拟社会"。如果说 Internet 是信息高速公路的话，那么，盖茨的一系列操作系统便是这条"公路"上的"专用列车"。当今世界，从航空航天领域到金融交易市场，从军事战略重地到国际间的贸易往来，所有的运作程序全部实现网络化，盖茨的软件无处不在。假如抽去盖茨的操作系统，Internet 将在一瞬间全面崩溃，那么，现在世界也就无异于倒退了几十年。

无论是从全球的范围看，还是就美国这一局部而言，都能得出这样的结论：绝不能没有盖茨和他的微软公司，道理不用细说。盖茨无人可以替代，不废一兵一卒就"占领"了世界的各个角落。未来人类社会的生存和发展，或许不必再依赖政治"强人"，但必须依赖科技"巨人"。

其三，迄今为止，盖茨的一切努力都是在造福人类。

由于盖茨发明了 Windows，电脑操作从此迈入了一个崭新的时代，其效率的提高以及由此所产生的公众效益，无可估量。以 Windows 为核心的 Microsoft 系列操作软件，使 Internet 的信息交流变得更为方便，更为快捷，并为 Internet 在世界大众中间的迅速普及提供了可靠的基础。因为有了方便、快捷的 Internet，远程医疗、远程教育、远程购物、远程办公才成为活生生的现实存在。

尤为可贵的是，凭借盖茨的软件，即使是毫无"科技细胞"的人，也能大摇大摆地在网上冲浪。这就创造了一个最惠于整个人类的奇迹：Internet 的大众化。无论是大国的总统，还是弱国的小民，都可以平等地共享网上资源。Internet 从技术上摧毁了传统的纵向等级层次结构，形成网络式的横向自主链接结构，表现了对人的尊重和从技术上支持人的自主选择权利，实际上体现着人的主体地位的高扬。对于 60 多亿世界公民来说，还有什么比这种平等自由更宝贵的呢？

　　盖茨的努力，将人类从生存的困厄之中拯救出来，功德无量。因此可以认定，仅仅在人格上，为人类造福的盖茨也是胜者。

　　盖茨领导的微软公司发表过这样的宣言：我们要做到（世界上）每一间屋、每个书桌都有微软的电脑。现在又改成了一个新的口号：以优秀的软件赋予人们力量，在任何地方、任何时候、任何设备上。如果没有听说过比尔·盖茨，那你一定还生活在没有互联网的"石器时代"。

第七章　比尔·盖茨给年轻人的忠告

比尔·盖茨对年轻人充满了希望和关怀，他把自己的生活和工作体会写成文章来告诫年轻人，希望他们能快乐工作、快乐生活、茁壮成长。这是一个成功者的谆谆教诲，也是对下一代的殷切期盼。

彻底宽恕自己的过去

过去可以推导出未来，但过去不等于未来！

生而为人，有三点我们没有选择权：一、谁是自己的父母；二、出生在什么样的家庭；三、家庭在哪一个国家。

这三点，对我们的一生很重要，甚至决定着今生的前途和命运。遗憾的是，这么重要的三点，我们却没有选择的权利。从我们跨越生命之门的那一刻起，这一切就已经成为只能接受的现实，不需要我们同意。

我们的父母，有可能是富可敌国的超级富豪，生活在社会金字塔的顶端，受世人仰慕，决定着很多人的命运；也可能是食不果腹的难民，居无定所，颠沛流离，受世人冷待，连自己的明天都不知道如何度过。

中国有句古话：30 岁之前看父敬子，30 岁之后看子敬父。这句话的意思是，30 岁之前，父亲在世人眼里如何，我们便如何；30 岁之后，我们在世人眼里如何，父亲在世人眼里就如何。

不要埋怨世人势利，这与势利无关，而且埋怨也没用。

也许父母能力大，会给我们营造良好的生活、学习和发展环境，给我们提供庞大的人脉资源、巨大的资本支援，使我们从很高的起点出发。同龄人奋斗 10 年、20 年，也很难达到我们起点的高度。

如果有这样的父母，这样的家庭，我们应该倍加珍惜。以虔诚的感恩之心，接过父母手中的火炬，把他们的事业做大做强，把他们的爱心发扬光大，向世界更远的地方传递。

如果父母处在贫穷、饥饿、卑微的环境中，我们因而遭到歧视、冷待和伤害，想发展，没钱、没机会、没资源；找工作，没门路、没关系，不得不在社会的最底层，为了简单的衣食住行苦恼、奔波。我们会感觉，自己就像荒原上的野草，自生自灭，没人在乎。

假如真的是这样，也不要埋怨自己会有这样的生活，因为生活本身就没有公平可言。这不是我们所做的选择，不能证明什么。父母的伟大或平庸代表不了我们的价值，我们的过去代表不了今天，更代表不了将来。

作为年轻人，只要是健康地站在今天的码头，就没有必要抱怨自己过去乘坐的船有多破，因为过去的已经过去了。从现在开始，无论我们出身寒门还是豪门，起点都是一样的。明天对任何一个年轻人来说都是未知的，一切都在于我们如何把握。

对于出身卑微、家境贫寒的人来说，要想明天能有所作为，现在最应该做的，就是宽恕自己的过去。如果我们现在还对自己说"如果我的爸爸是富翁，如果我能获得更多的支持或者有更强硬的关系就好了"，"如果我上大学时选别的专业就好了"等类似这样的话，只会徒增悔恨和伤痛，结果也只会使自己感到前途渺茫，于事无补。

我们只能坦然地接受自己的过去，停止那些自残的想法，立即去做自己能做的事、应该做的事和想做的事。否则，就会像一个背着过重行李的人，步履维艰。

如果不能宽恕自己的过去，过去的一切不如意就会浪费我们更多的精力。所以，最好把那些用来抱怨、哀叹的精力和时间，用在能改变过去的地方，用在能证明自己存在价值的事情上面。一位著名的教练曾经说过："上帝让你的眼睛长在头的前边，就是为了让你向前看，向前走，而不是老盯着过去。"

有位诗人这样描写自己的过去：我相信有一天，我流过的泪将变成花朵和花环，我遭受过千百次的遍体鳞伤，将使我一生灿烂……

所以说，不论我们过去是贫穷还是卑贱，失败还是失意，都应该把这些从心头卸去，彻底地宽恕自己和自己的不幸，还世界一个真实的自己，真正的自己。

一个人怎样对待自己的过去，决定了他的将来。我们能坦然地面对自己的过去，就会有一个光明的将来。如果我们对自己的贫穷、卑微不努力改变，就别指望别人能大发慈悲高看你一眼。任何同情和悲悯，都无法挽救已经把自己看低的人。

一个人最难跨越的，就是他的过去；人生最大的障碍，也是一个人的从前。我们不应该让过去迷惑自己、束缚自己，把自己的将来和过去画上等号。

宽恕让自己尴尬、耻辱甚至是愤懑的过去，是为了我们自己，不是为了别人。放下即是快乐，彻底宽恕过去的人和事，会让我们身心健康，精力充沛，心里坦然。

想想看，如果总是死盯着别人在过去带给我们的伤害不放，就会浪费我们很多宝贵的精力和时间。而这些精力和时间，本来是可以直接用于实现梦想和目标的。我们需要向前看，并积极行动，而不是停留在过去或者原地踏步。我们需要放下包袱，把自己从别人的控制下解放出来，以便轻装出发。

从过去的痛苦记忆中解脱出来，立即对自己不满意的地方采取积极的行动，这是一个人成长并走向成功的关键。

要记住，没有人能够决定我们，过去可以，但是现在和将来却不可以，除非我们允许他这么做！没有人拥有那种凌驾于我们之上、为我们选择未来的权利，除非我们赋予他们这种权利。

大量的伤感来自于自怜。当我们通过自己的行动获得成功之后，以前非常渴望的同情和怜悯，对此时的我们来说，已经变得不那么重要了。

要学习，更要会学习

我们从出生那一天起，就已经开始学习，学习生存的基本技能——为了生活能够自理；长大后学知识、学文化、学技术——为了成为能服务社会的人。

我们存在的价值和意义有多大，就在于是否能给社会提供服务，能服务多少人。社会需要的服务是不断变化的，对我们的服务总是会有新的要求、新的标准，这就迫使我们不断地学习、研究和探索，否则，我们就无法服务于社会。同样我们也是服务的消费者，也在要求别人因为自己的需求而做出改变。

看来，每个人的一生都离不开学习，无论是谁，无论做什么，只要我们还不想成为社会的寄生虫，不想被时代抛弃。

作为年轻人，学习是我们生活的重要内容。但是，并不是每个人都能认识到学习的重要性，以至不知道去学什么，怎么去学，然后便是什么都不学。这样的人，一旦选择了放弃学习，人生就不可能取得任何突破了。

有的人活了 80 岁，其实他在 25 岁时就已经被埋葬了；有的人在世上活了 60 岁，他的生命却延续在整个人类发展的历史之中。如前者一样的人多，多到无法计算；如后者一样的人少，少到屈指可数。

在 25 岁就把自己埋葬，有这样的事吗？我们不都是好好地活在世上吗？仔细想想，我们大学毕业之后，一般要从事一份工作，每天每年像机器一样做着简单而又重复的工作，不思进取和改变，被生活推着向前，走得步履蹒跚，时不时需要别人接济一下。这样的工作即使做了一辈子，又有什么意义？活到 80 岁与现在又有什么区别？

最主要的是，社会不会一成不变，新陈代谢是必然的规律。人作为社会上最小的细胞，一旦成为社会进步的包袱，自然就会被社会无情地淘汰。所以，作为年轻人，只有不断学习，每天都把昨天的自己淘汰，才能保证自己不被时代淘汰。

年轻人最大的弱点就是总在被动地学习，学习是因为别人的需要而不是自己的需要。高中以前读书是考大学的需要，大学里学习是拿到毕业证的需要，上班了去学习是老板的需要。

但是，社会的需要、个人成功的需要是无限度的，没有最高，只有更高。我们所掌握的知识永远满足不了社会发展的需要。一个人要想实现更大的成功，更大限度满足社会的需要，就得终生学习，学习各方面的知识，使自己成为全能的战士。

大学究竟学什么，这成了很多年轻人的疑问。其实在大学里，我们学会如何学习就行了。在大学里学的专业知识，也许我们一辈子都用不上，但是会学习却是我们受用终生的。

那什么是会学习呢？会学习就是在学习中要分清主次，找到知识的关键点。一本书的内容，多数符合20/80定律，就是说20%的内容是重要的，80%的内容是辅助性的。我们要把80%的精力用在那20%的内容上，并且学精学透。

会学习的人，是带着思考和研究的态度去学习的。在学习的过程中，始终保持发散性网状思维，把书本上讲到的知识与现实生活的用处瞬间就能串联起来，并且考虑用在什么地方，怎么用。

会学习和会做人一样，不能急功近利。比尔·盖茨和李开复在读中学的时候，美国的法律专业非常火，律师是社会地位比较高、收入非常好的职业。比尔·盖茨也选择了哈佛大学的法律专业，但是后来他放弃了，还是选择辍学搞计算机。而李开复也没有选择学法律，而是选择了在当时很多人都不知道将来能干什么的计算机专业。

并不是所有年轻人都像他们那样，在面对学什么的时候，有那么高的预见性。但是，只要我们爱学习、会学习，就有可能扭转当初选择上的错误。

别说大学时间不够用。把我们在大学一天里做的事全部列出来，就会发现，最起码有 4 个小时用在对现在、对将来都无用的事情上。每天用好这 4 个小时，会学习的人多修一两个专业应该不成问题。

21 世纪是全世界的人都来和你一个人竞争的世纪，所以我们不仅要成为一个专才，更要做一个博学的全能战士。趁着年轻，更多地了解不同领域、不同行业，多方涉猎，成为一专多能的复合型人才，这样才能找到更好的成长平台，把握住更好的发展机会。

假如把人生当做一次比赛，把孩子比作参加比赛的运动员，小学和中学算是基本功的训练，大学才是比赛技巧、比赛能力的训练，在公司的培训就是赛前调整和准备了。一旦一个年轻人正式走上工作岗位，比赛便真正开始。

这里所说的基本功，不是基础知识，而是对高尚的人品、健全的人格、责任意识、心理素质、抗打击能力的塑造。这些都是在我们上大学之前形成的。没有这些，无论他学历有多高，本事有多大，都不会成为一个好员工，更不会成为一个好的领导者。

就拿微软来说，它的文化就是不断地自我否定、自我超越，不断地调整，不断地更新。这就要求微软员工的团队合作能力、沟通能力都要非常出色才行，因为微软不是哪一个人的微软。所以要想成为微软的员工，就得能赢得大家的信任、支持和尊重，还要有不断创新的意识，敢于探索、敢于冒险和敢于否定的精神。

在信息产业方面，中国每年差不多有25万的本科生、研究生和博士生毕业，这些学生几乎都梦想着能进微软工作，事实上能进微软工作的人并不多。就算是能被微软选中的优秀人才，不论硕士也好，博士也罢，也不论来自哪所学校，都要进行一段时间的培训才能上岗工作。

任何一个企业，对新人的耐心都是非常有限的，都不会给一个新人过多的调整、适应时间。在大学里，我们不把自己锻造成企业需要的人，企业就不会接受我们。

所以，年轻人在大学里，就做好提前加速、冲刺的准备。谁准备得越充分，谁就有可能跑在最前面。

珍惜每一次机会

哲人说：机会在于发现，在于创造。这句话有一定的道理，但是得看在什么时候。能发现和创造机会是需要条件和实力的，不是每个人都能做到的。

即使对有同一目标同一梦想的人，也存在能不能把握住的问题。

举一个简单的例子，2007 年全球股市火爆，火爆到傻子买股票都能赚钱的程度。这是一个赚钱的好机会，假如一个人手里没钱，也借不到钱，就无法买股票，这个机会对他来说就不能成为机会，即使他发现了。

年轻人没有机会是不可能成功的。每个人、每个公司的成功，都离不开机会，微软也一样。如果没有 IT 业的迅猛发展和个人电脑的广泛应用，互联网就不会成为人们生活中重要的一部分，就不会有微软今天的辉煌。看来，机会这东西，把握住了就是机会，把握不住就不是机会。

只要研究所有成功人士的发展轨迹就会看出，这些人在开始时，都是很好地把握住了别人提供的机会，使自己在某一个行业站稳脚跟。之后再确立在那个行业里的发展目标，为实现目标做积极、充分的准备，积累经验和实力。一旦时机成熟，快速、准确地把握住机会，便实现了自己的梦想。

由此来看，年轻人在走向社会之初、在自己实力弱小时，就不得不靠别人提供机会。奥运会百米冠军是最能跑、最会跑的一个人，但在他蹒跚学步时，同样需要父母的教导与帮助。

刚走出校门的年轻人，在事业上就像蹒跚学步的孩子，工作经验、社会实践、行业人脉都是零。他们需要别人提供学习、实践的平台，这个平台对他们来说，就是一个机会。遗憾的是，很多年轻人并没有意识到这一点。

在年轻人的心目中，只有赚钱的机会才叫机会，否则就不是。他们把工作分成三六九等。有前途有高薪的争抢着干；有前途没高薪的蒙混着干；有高薪没前途的凑合着干；没高薪没前途的绝对不干。

对于刚毕业的年轻人，如果在学校里没取得突出的成绩，只拿到学士或者硕士学位者，高薪并非不给其机会。因为文凭和学位，解决不了市场和客户的任何问题。更没听说哪家企业因为雇佣的全是拥有博士学位的人，股票市值就猛涨不止。

年轻人找工作，很多时候都被同学、朋友的评论所影响。一旦自己找到社会地位不高、薪水不高的工作，就觉得很伤自尊，在同学、朋友面前没面子。

企业对招聘的员工很挑剔，年轻人对工作也很挑剔，最终吃亏的只能是年轻人。公司再挑剔，也会找到合适的人。年轻人如果一直挑剔下去，可能一辈子都找不到合适的工作。

其实年轻人没有弄明白，任何一个工作都可能是我们成功的机会，就看做到什么程度。所以，在我们不知道自己适合做什么之前，最好是珍惜别人提供的任何一个机会。不论这个机会我们喜欢不喜欢，值不值得去做，都应该全力以赴。即使做得不好，也要让给我们机会的人看到，我们是一个充满激情、对什么都认真负责、能够善始善终的人。

现在能够给别人提供机会的人，一般都不会有很大的耐心。因为这样的人，一是时间宝贵，二是工作繁忙，三是精力有限，不可能像老师那样，把培养我们当成自己的责任和义务。我们珍惜并把握住他们给的机会，他们才会再给我们更大的机会，否则他们就会把我们看做不可雕凿的朽木。

我们走入社会，也会遇到很多很小很小却能证明自己是何种人的机会。一件事不管它多么无足轻重，多么无关紧要，只要我们答应做了，就一定要做到最好，做到让人敬佩和尊重。只有这样，我们才会赢得做大事的机会。

别人把一件小事给我们做，我们珍惜了，也就证明了自己是一个可以成大事担大任的人，这样我们就会赢得学习、补充、实践的机会。任何能给别人提供机会的人，都会把发展、提升的时间和空间，留给值得培养的人。

作为年轻人，能做的就是珍惜每一个机会，用每一个机会证明自己是一个什么样的人，将来能做什么样的事。

坦然面对所遇之事

我们从儿童经少年到青年，是身体、心理逐步成长、成熟的过程。在这个过程中，痛苦会一直伴随着我们。身体会受到疾病、灾难的袭击，心理会饱受与自己有关的各种矛盾、利益冲突的困扰。

没有人愿意面对痛苦，但痛苦却是我们成长和成熟过程中的一部分。不是我们选择了痛苦，而是痛苦选择了我们。学会如何面对

和接受痛苦，是我们要解决
的重大问题。

在这个世界上，不犯错
误的最好办法，就是什么都
不做，或者指望别人为我们
做。年轻人不做事、不经
历，又怎么可能成熟？又怎
么可能取得事业上的成功？这也是现在很多年轻人经受一点挫折和
打击，就变得胆怯、脆弱、消极，不敢接受任何挑战和尝试，最后
由平凡变为平庸的原因所在。

我们追求成功、追求完美的过程中，时时刻刻都伴随着一些想
到的或想不到的挫折和痛苦，总会有这样或者那样的不顺利。这就
要求我们有一个健康的心态，承认失败和成功、幸福和痛苦是一对
连体婴儿，我们想得到其一，必得接受其二。

值得喝彩的人生，是我们能不断地取得人生战场上的一次次胜
利，更是我们在艰难困苦中不抱怨、不抛弃、不放弃，把挫折和痛
苦当做我们不断追求成功过程中的正常事物。

年轻人走入社会，走进职场，失败和挫折在所难免，不是遇到

这样的问题，就是遇到那样的麻烦，仿佛连仁慈的上帝都跟我们过

不去，毫不客气地对我们这样的弱者说不。

在这个世界上，对每个人来说，最困难的事情恐怕就是做选择

了。但我们必须做选择，小到一日三餐吃什么，约见什么人，以什

么样的心情去工作；大到做什么样的投资，选择谁做自己的合伙

人等。

也许有人会说，我今天不做任何选择。不做任何选择也是一种

选择，与这个选择对应的结果就是你明天不会有什么收获，没有收

获也是一种结果。

由此看来，我们所得到的任何结果，都是因我们当初的选择而

导致的。今年的选择，对应的结果也许在明年、后年或者十年后才

会显现。总之，该来的一定会来，谁也躲不过。

没有谁的一生是一帆风顺的。一个人追求的越多，遇到的困难、

挫折和失败也就越多。年轻人走进社会，就不能不向社会索取物质

财富和精神财富，也就不可避免地要经常被"挫折"上堂课。

在逆境中，我们可以把自己的不幸归咎于别人、诅咒上帝不公

平，但不论我们怎样抱怨都不能改变既成的事实。即使能获得同情，

事实上对我们摆脱逆境也是毫无价值。我们不自救，就没人能救得

了我们。

这时候，我们一定要明白，发生在自己身上的一切，都是以前的选择，怨也只能怨自己。我们能做的就是坦然地为自己当初的选择埋单、负责，并从这些挫败中吸取教训。不管这堂"课"的代价有多大，都是值得的。

没有人特别是年轻人愿意遭受痛苦和失败。这就要求我们在做选择时谨慎考虑，不能跟着感觉走。别说什么只在乎曾经拥有，别说什么活在当下，只要我们选择了，就得面对选择带来的结果。

做最正确的选择，才是我们规避不幸和失败的最佳措施。

附录　比尔·盖茨的名言录

1. 公平不是总存在的，在生活、学习的各个方面总有一些不如意的地方。但只要适应它，并坚持到底，总能收到意想不到的成效。

2. 在这个世界上，没有人能使你倒下，如果你自己的信念还站立的话。

3. 轻率和疏忽所造成的祸患不相上下。有许多青年人之所以失败，就是败在做事轻率这一点上。

4. 有非凡志向，才有非凡成就。

5. 很多人喜欢拖延，他们对手头的事情不是做不好，而是不去做，这是最大的恶习。

6. 一旦做出决定就不要拖延。任何事情想到就去做！立即行动！

7. 好的习惯是一笔财富，一旦你拥有它，你就会受益终生。养成"立即行动"的习惯，你的人生将变得更有意义。

8. 切实执行你的梦想，以便发挥它的价值，不管梦想有多好，除非真正身体力行，否则，永远没有收获。

9．成功开始于想法，但是，只有想法，却没有付出行动，还是不可能成功的。

10．成功者一遇到问题就马上动手去解决。他们不花费时间去发愁，因为发愁不能解决任何问题，只会增加忧虑，浪费时间。

11．人们所认识到的成功者往往经历了更多的失败，只是他们从失败中站起来并继续向前。

12．失败并非坏事，一次失败能教会你许多，甚至比你大学里所学的还有用。

13．破产是一种暂时的困境，贫困是一种思想的状态。

14．花费数十元买一本书，便可以获得别人的智慧经验。然而，如果你全盘模仿，不加思考，那有时就会画虎不成反类犬。

15．年轻人欠缺经验，但请不要忘记：年轻是你最大的本钱。不要怕犯错，也不要畏惧挑战，你应该坚持到底，在出人头地的过程中努力再努力。

16．获得成功有两个重要的前提：一是坚决，二是忍耐。

17．只要有坚强的持久心，一个庸俗平凡的人也会有成功的一天，否则即使是一个才识卓越的人，也只能遭遇失败的命运。

18. 当你在事业上遇到挫折，有"打退堂鼓"的念头时，你应该加以注意，这是最危险的时候！

19. 坚持下去，成功就在下一个街角处等着你。

20. 机会并不会自动地转化为钞票，其中还必须有其他因素。简单地说，你必须能够看到它，然后必须相信你能抓住它。

21. 强烈的欲望也是非常重要的。人需要有强大的动力才能在好的职业中获得成功。你必须在心中有非分之想，你必须尽力抓住那个机会。

22. 企业发展需要的是机会，而机会对于有眼光的领导人来说，一次就够了。

23. 科学技术的进步将会给人们的生活带来巨大的影响，而人们要不断适应这种时代的变化，而不要坐等未来，失去自我发展的良好机遇。

24. 每一天都会有一个机遇，每一天都会有一个对某个人有用的机遇，每一天都会有一个前所未有的、绝不会再来的机遇。

25. 幸运之神会光顾世界上的每一个人，但如果她发现这个人并没有准备好要迎接她时，她就会从窗子里飞出去。

26. 最有希望的成功者，并不是才华最出众的人，而是那些最善于利用每一个时机发掘开拓的人。

27. 一个人要想成功，就要学会在机遇从头顶上飞过时跳起来抓住它。这样逮到机遇的机会就会增大。

28. 每项事业的成功都离不开选择，而只有不同寻常的选择才会获取不同寻常的成功。

29. 成功的轨迹作为一种策略路线，从一开始就应该走上正轨。

30. 这个世界并不在乎你的自尊，只在乎你做出来的成绩，然后再去强调你的感受。

31. 我之所以为自己所领导的微软而感到自豪，是因为在这个团体中聚集了一大批与我一样热爱微软事业的人。

32. 一个管理者如果不了解其下属的工作，那他就无法有效地管理他们。

33. 对人才的运用，仅仅限于收罗是远远不够的，重要的是对人才不仅要善于识别其长处，而且要敢于大胆地使用，以让其充分发挥自己的才能。

34. 微软公司在用人上所表现出的胆略与气魄是别的公司无可比拟的。

35. 对于一个大公司而言，没有一支强有力的服务队伍，给用户提供全面、周到的服务，那简直是难以想象的。公司可以想出一些主意让员工自己寻找更好的办事方法，而绝不应该命令说"你必须选择这样的过程，你必须这么做"，这肯定行不通。

36．经过每一个里程碑式的重要阶段时，我们都力争做到没有任何瑕疵，就像做项目评估工作那样。

37．我们没有不懂技术的管理人员，因为，去寻求技术和管理之间的平衡毫不费力。

38．千万不要错过那些好小子，一旦发现必须下定决心，不然你会与他们失之交臂！

39．人生是不公平的，习惯接受吧。

40．你不会一离开学校就有百万年薪，你不会马上就成为公司的副总裁，这二者你都必须靠努力赚来。

41．我运用的管理风格既不是美国的个人主义式，也不是日本的共识主义式，而是独树一帜的达尔文式——适者生存。

42．我工作是为了乐趣。

43．微软公司雇佣工作狂真是眼光独到。

44．每周经常工作 72 小时，有时甚至达到 90 小时；不工作的时候，就像一个黑洞吸收光线那样，大量吸收信息。

45．没有热忱的经营者，也就教育不出敬业的员工。

46．如果你觉得你的老板很凶，等你做了老板就知道，老板是没有工作任期保障的。

47．要赞扬某人，最好用白纸黑字写下来；若要训斥某人，则要用电话的方式，不留痕迹。

48．在快餐店打工并不可耻，你的祖父对煎汉堡有不同的看法：机会。

49．由于缺乏团队合作而失败的工商企业，比由于其他原因而失败的要多。

50．如果你一事无成，不是你父母的错，所以不要对自己犯的错发牢骚，从错误中去学习。

51．要办好一个企业，固然必须摆平自上而下的利益关系，让处于企业内部各个层次的人，在发挥自己在企业中作用的同时，有一个相应的回报；但是建立良好的劳资关系，相互尊重，享受人与人之间的温暖和快乐同样是企业管理的大事。

52．看一个老板是不是善于管理他的员工，从他给员工支付的报酬毫无疑问地可以做出判断。

53．在学校里可能有赢家输家，在人生中却还言之过早。学校会不断给你机会找到正确的答案，现实人生中却完全不是这么回事。

54．在我们这里，体现员工地位和贡献的，不是他的职务，而是他的业绩。他取得了成绩，大家都赞扬他，尊重他，以他为榜样，他就会有一种满足感。

55．我们需要的是世界上最优秀的人才！

56．人生没有寒暑假，人生不是学期制，没有哪个雇主有兴趣帮你寻找自我，请用自己的时间来做这件事吧。

57．落后就是耻辱。

58．在计算机领域内，技术与应用发展更新极快，对其技术的掌握很难做到一劳永逸。有些人掌握了某种技能，生产出某种产品，就以为能一劳永逸、万事大吉了，这样的想法是非常危险的。

59．电视上演的并非真实人生。现实生活中每人都要离开咖啡馆去工作。

60．管理者在任何时候、任何情况下都有使员工们更加成熟的使命。

61．孜孜以求进步的精神，是一个人的优越的标志与胜利的征兆。

62．养成每天读十分钟书的习惯。这样每天十分钟，二十年之后，他的知识水平一定前后判若两人。只要他所读的都是好的东西。

63. 创新是做大公司的唯一之路。

64. 我很幸运，年纪轻轻就发现我的兴趣，而且令我如此着迷，至今仍是如此。

65. 对书呆子好一点，你未来很可能就为其中一个工作。

66. 失败是不可避免的，但只要坚持到底，总能收到意想不到的成效。

67. 我们应该接受迅速失败，而不是缓缓接受失败，最不该接受的则是没有失败。如果有人从不犯错误，那只能说明他们努力不够。失败的结果是试图去尝试其他的可能。

68. 巨大的成功靠的不是力量而是韧性。社会竞争常常是持久力的竞争，有恒心和毅力的成功者往往成为笑到最后、笑得最好的人。

69. 时间管理不仅是独乐，也是众乐的一场赛事，和时间赛跑，人人都有可能是胜利者。只有不参加的人，才是失败者。

70. 我的工作其实是一场竞赛，我喜欢在事情到了紧要的关头时全力以赴的感觉。在这个时候，人往往有超水准的表现。

71. 好的习惯主要依赖于人的自我约束，或者说靠人对自我欲望的否定。

72. 因为说话一定要诚实，所以一个好的领导者不能随意滥用奖赏和表扬，我会特别小心地对待我对员工所承诺的事情。

73. 每天早晨醒来，一想到所从事的工作和所开发的技术将会给人类生活带来巨大的影响和变化，我就会无比的兴奋与激动。

74. 成功者并没有什么秘密，他们只不过是适应了时代发展的变化。

75. 当你的努力与时代同步时，你就会对社会产生不可忽略的影响。

76. 每隔三年左右，企业必须对自己业务的方方面面进行一次全方位的严格评估，这点至关重要。

77. 当你了解客户的需求后，你必须乐于思考如何让产品更贴近并帮助客户。

78. 对客户信守承诺，这一服务准则非常重要。

79. 与其做一株绿洲中的小草，还不如做一棵秃丘中的橡树，因为小草毫无个性，而橡树昂首苍穹。

80. 科学技术的进步将会给人们的生活带来巨大的影响，而人们要不断地适应这种时代的变化，而不要坐等未来，失去自我发展的良好时机。

81. 虽然行动不一定能带来令人满意的结果，但不采取行动就绝无满意的结果而言。

82. 微软离破产只有 18 个月。意思是说，如果企业无法不断地创新进步，也许一年后就不复存在了。企业如此，人亦如此。

83. 任何时候，人的脑子都会有很大一部分没有使用，因此，当你放眼四周时，就可以充分利用大脑。

84. 最可怕的敌人，就是没有坚强的信念。

85. 直觉助你发现职业，而选择职业就像盖房子，如果你选择的职业是坚实的河床，你会喜欢你的产品。

86. 运气是一个因素，然而我想最重要的因素还是我们的远见和高度的洞察力。我从来都是戴着望远镜看这个世界的。

87. 一个成功的商人，不应该仅仅是干练、能吃苦，还要有协调周围关系的能力，将不利因素化解到最小最少。做生意需要激情，但更要理智驾驭，意气用事、浮躁冲动是商家之大忌。什么是商人？商人就是关键时刻始终维护自己利益的人。

88. 创办一个公司就像建立一座大厦，没有蓝图，就不可能顺利地施工，谁都不能在没有蓝图的情况下施工。建立事业的蓝图，就是制订一份企业计划。

89．大多数的合伙人都采取五十对五十的分配法，这是最糟的方法，因为总得有人拥有做决策的能力才行。一旦公司开始赚钱，冲突必定随之产生，两方合伙人意见必然相左，尤其是在问题牵涉到金钱时，双方争执愈烈。

90．你用于计划的时间越长，你完成工作所需要的时间就越短。

91．没有悟性的创业者，反应就不够灵敏，很难把自己的公司办得火起来。

92．增强团队精神是每位公司管理人必须做到的，只有强大的团队才能在市场的浪潮中立于不败之地，才能做大公司。没有强大的团队，管理人的工作能力怎能得到下属的认可呢？

93．在你出生前，你的父母并不像现在这般无趣，他们变成这样是因为忙着付你的开销、洗你的衣服、听你吹嘘你有多了不起。所以在你拯救被父母这代人破坏的热带雨林前先整理一下自己的房间吧。

94．优柔寡断是会传染的，它能使整个组织感染上这种病，导致人们犹豫不决，失去信心，甚至造成混乱。